XIANGCUN ZHENXING
ZHANLÜE BEIJING XIA
GAOSUZHI NONGMIN
JIAOYU PEIXUN TANSUO

乡村振兴战略背景下
高素质农民教育培训探索

郭英立　王元明　王云善　著

哈尔滨出版社
HARBIN PUBLISHING HOUSE

图书在版编目（CIP）数据

乡村振兴战略背景下高素质农民教育培训探索／郭英立，王元明，王云善著. -- 哈尔滨：哈尔滨出版社，2025．1. -- ISBN 978-7-5484-8210-9

Ⅰ．G725

中国国家版本馆 CIP 数据核字第 2024VX2892 号

书　　名：**乡村振兴战略背景下高素质农民教育培训探索**
XIANGCUN ZHENXING ZHANLÜE BEIJING XIA GAOSUZHI NONGMIN JIAOYU PEIXUN TANSUO

作　　者：郭英立　王元明　王云善　著
责任编辑：滕　达

出版发行：哈尔滨出版社（Harbin Publishing House）
社　　址：哈尔滨市香坊区泰山路 82-9 号　邮编：150090
经　　销：全国新华书店
印　　刷：北京鑫益晖印刷有限公司
网　　址：www.hrbcbs.com
E - mail：hrbcbs@yeah.net
编辑版权热线：（0451）87900271　87900272
销售热线：（0451）87900202　87900203

开　　本：880mm×1230mm　1/32　印张：4.75　字数：115 千字
版　　次：2025 年 1 月第 1 版
印　　次：2025 年 1 月第 1 次印刷
书　　号：ISBN 978-7-5484-8210-9
定　　价：48.00 元

凡购本社图书发现印装错误，请与本社印制部联系调换。

服务热线：（0451）87900279

前　　言

当前,我国发展不平衡不充分的问题在乡村较为突出,高素质农民队伍建设亟待加强是其中的问题之一。实施乡村振兴战略,必须破解人才瓶颈。要把人力资本开发放在首要位置,畅通智力、技术、管理下乡通道,造就更多乡土人才,聚天下人才而用之。国家在实施乡村振兴战略的部署中,强调大力培育新型职业农民。全面建立职业农民制度,完善配套政策体系。实施新型职业农民培育工程。支持新型职业农民通过弹性学制参加中高等农业职业教育。创新培训机制,支持农民专业合作社、专业技术协会、龙头企业等主体承担培训任务。引导符合条件的高素质农民参加城镇职工养老、医疗等社会保障制度,鼓励各地开展职业农民职称评定试点。

本书以基础与应用知识为主,讲述了乡村振兴战略、高素质农民在乡村振兴战略中的历史使命、现代科技文化教育与乡村现代化振兴、农民法治意识与责任意识教育、市场经营管理与创业教育、高素质农民创新创业案例分析与分享等方面的内容。

由于作者水平有限,加之时间与精力有限,书中纰漏之处在所难免,恳切希望广大读者与同行不吝指正。

作者
2024 年 10 月

目　录

第一章　乡村振兴战略

第一节　推进乡村产业振兴

产业兴旺是乡村振兴的重要基础,是解决农村一切问题的前提。乡村产业根植于县域,以农业农村资源为依托,以农民为主体,以农村一、二、三产业融合发展为路径,地域特色鲜明、创新创业活跃、业态类型丰富、利益联结紧密,是提升农业、繁荣农村、富裕农民的产业。发展乡村产业要因地制宜、突出特色。依托种养业、绿水青山、田园风光和乡土文化等,发展优势明显、特色鲜明的乡村产业,更好地彰显地域特色,承载乡村价值,体现乡土气息。发展乡村产业要以市场为导向争取政府支持。充分发挥市场在资源配置中的决定性作用,激活要素、市场和各类经营主体,在各级政府指导下,形成以农民为主体、企业带动和社会参与相结合的乡村产业发展格局。发展乡村产业要注重融合发展、联农带农。加快全产业链、全价值链建设,健全利益联结机制,把以农业农村资源为依托的二、三产业尽量留在农村,把农业产业链的增值收益、就业岗位尽量留给农民。发展乡村产业要坚持绿色引领、创新驱动。践行绿水青山就是金山银山理念,严守耕地和生态保护红线,节约资源,保护环境,促进农村生产生活生态协调发展。推动科技、业态和模式创新,提高乡村产业质量效益。

一、突出优势特色,培育壮大乡村产业

(一)做强现代种养业

创新产业组织方式,推动种养业向规模化、标准化、品牌化和绿色化方向发展,延伸拓展产业链,增加绿色优质产品供给,不断提高质量效益和竞争力。巩固提升粮食产能,全面落实永久基本农田特殊保护制度,加强高标准农田建设,加快划定粮食生产功能区和重要农产品生产保护区。加强生猪等畜禽产能建设,提升动物疫病防控能力,推进奶业振兴和渔业转型升级。发展经济林和林下经济。

(二)做精乡土特色产业

因地制宜发展小宗类、多样性特色种养,加强地方品种种质资源保护和开发。建设特色农产品优势区,推进特色农产品基地建设。支持建设规范化乡村工厂、生产车间,发展特色食品、制造、手工业和绿色建筑建材等乡土产业。充分挖掘农村各类非物质文化遗产资源,保护传统工艺,促进乡村特色文化产业发展。

(三)提升农产品加工流通业

支持粮食主产区和特色农产品优势区发展农产品加工业,建设一批农产品精深加工基地和加工强县。鼓励农民合作社和家庭农场发展农产品初加工,建设一批专业村镇。统筹农产品产地、集散地、销地批发市场建设,加强农产品物流骨干网络和冷链物流体系建设。

（四）优化乡村休闲旅游业

实施休闲农业和乡村旅游精品工程,建设一批设施完备、功能多样的休闲观光园区、乡村民宿、森林人家和康养基地,培育一批美丽休闲乡村、乡村旅游重点村,建设一批休闲农业示范县。

（五）培育乡村新型服务业

支持供销、邮政、农业服务公司、农民合作社等开展农资供应、土地托管、代耕代种、统防统治、烘干收储等农业生产性服务业。改造农村传统小商业、小门店、小集市等,发展批发零售、养老托幼、环境卫生等农村生活性服务业。

（六）发展乡村信息产业

深入推进"互联网+"现代农业,加快重要农产品全产业链大数据建设,加强国家数字农业农村系统建设。全面推进信息进村入户,实施"互联网+"农产品出村进城工程。推动农村电子商务公共服务中心和快递物流园区发展。

二、科学合理布局,优化乡村产业空间结构

（一）强化县域统筹

在县域内统筹考虑城乡产业发展,合理规划乡村产业布局,形成县城、中心镇(乡)、中心村层级分工明显、功能有机衔接的格局。推进城镇基础设施和基本公共服务向乡村延伸,实现城乡基础设施互联互通、公共服务普惠共享。完善县城综合服务功能,搭建技术研发、人才培训和产品营销等平台。

（二）推进镇域产业聚集

发挥镇(乡)上连县、下连村的纽带作用,支持有条件的地方建设以镇(乡)所在地为中心的产业集群。支持农产品加工流通企业重心下沉,向有条件的镇(乡)和物流节点集中。引导特色小镇立足产业基础,加快要素聚集和业态创新,辐射和带动周边地区产业发展。

（三）促进镇村联动发展

引导农业企业与农民合作社、农户联合建设原料基地、加工车间等,实现加工在镇、基地在村、增收在户。支持镇(乡)发展劳动密集型产业,引导有条件的村建设农工贸专业村。

（四）支持贫困地区产业发展

持续加大资金、技术、人才等要素投入,巩固和扩大产业扶贫成果。支持贫困地区特别是"三区三州"①等深度贫困地区开发特色资源、发展特色产业,鼓励农业产业化龙头企业、农民合作社与贫困户建立多种形式的利益联结机制。引导大型加工流通、采购销售、投融资企业与贫困地区对接,开展招商引资,促进产品销售。鼓励农业产业化龙头企业与贫困地区合作创建绿色食品、有机农产品原料标准化生产基地,带动贫困户进入大市场。

---

① "三区三州"中的"三区"是指西藏自治区和青海、四川、甘肃、云南四省藏区及南疆和和田地区、阿克苏地区、喀什地区、克孜勒苏柯尔克孜自治州地区,"三州"是指四川凉山州、云南怒江州和甘肃临夏州。

三、促进产业融合发展,增强乡村产业聚合力

(一)培育多元融合主体

支持农业产业化龙头企业发展,引导其向粮食主产区和特色农产品优势区集聚。启动家庭农场培育计划,开展农民合作社规范提升行动。鼓励发展农业产业化龙头企业带动、农民合作社和家庭农场跟进、小农户参与的农业产业化联合体。支持发展县域范围内产业关联度高、辐射带动力强、多种主体参与的融合模式,实现优势互补、风险共担、利益共享。

(二)发展多类型融合业态

跨界配置农业和现代产业要素,促进产业深度交叉融合,形成"农业+"多业态发展态势。推进规模种植与林牧渔融合,发展稻鱼共生、林下种养等。推进农业与加工流通业融合,发展中央厨房、直供直销、会员农业等。推进农业与文化、旅游、教育、康养等产业融合,发展创意农业、功能农业等。推进农业与信息产业融合,发展数字农业、智慧农业等。

(三)打造产业融合载体

立足县域资源禀赋,突出主导产业,建设一批现代农业产业园和农业产业强镇,创建一批农村产业融合发展示范园,形成多主体参与、多要素聚集、多业态发展格局。

(四)构建利益联结机制

引导农业企业与小农户建立契约型、分红型、股权型等合作方

式,把利益分配重点向产业链上游倾斜,促进农民持续增收。完善农业股份合作制企业利润分配机制,推广"订单收购+分红""农民入股+保底收益+按股分红"等模式。开展土地经营权入股从事农业产业化经营试点。

四、推进质量兴农、绿色兴农,增强乡村产业持续增长力

(一)健全绿色质量标准体系

实施国家质量兴农战略规划,制订、修订农业投入品、农产品加工业、农村新业态等方面的国家和行业标准,建立统一的绿色农产品市场准入标准。积极参与国际标准制修订,推进农产品认证结果互认。引导和鼓励农业企业获得国际通行的农产品认证,拓展国际市场。

(二)大力推进标准化生产

引导各类农业经营主体建设标准化生产基地,在国家农产品质量安全县整县推进全程标准化生产。加强化肥、农药、兽药及饲料质量安全管理,推进废旧地膜和包装废弃物等回收处理,推行水产健康养殖。加快建立农产品质量分级及产地准出、市场准入制度,实现从田间到餐桌的全产业链监管。

(三)培育提升农业品牌

实施农业品牌提升行动,建立农业品牌目录制度,加强农产品地理标志管理和农业品牌保护。鼓励地方培育品质优良、特色鲜明的区域公用品牌,引导企业与农户等共创企业品牌,培育一批

"土字号""乡字号"产品品牌。

(四)强化资源保护利用

大力发展节地节能节水等资源节约型产业。建设农业绿色发展先行区。国家明令淘汰的落后产能、列入国家禁止类产业目录的、污染环境的项目,不得进入乡村。推进种养循环一体化,支持秸秆和畜禽粪污资源化利用。推进加工副产物综合利用。

第二节 推进乡村人才振兴

人才是第一资源,创新是第一动力。体制机制改革,是激发人才创新活力的关键。2019年1月《中共中央 国务院关于坚持农业农村优先发展做好"三农"工作的若干意见》(即2019年中央一号文件)强调,要通过创新体制机制,发挥科技人才支撑作用,这是深化科技体制改革,激发科技创新活力,使广大科技人员积极投身乡村振兴的有力举措。

一、农村专业人才队伍是农村经济社会发展的关键要素

农村专业人才是活跃在农业和农村经济发展第一线的具有一定科学文化知识或一技之长,对推动农业农村现代化发展做出突出贡献的农村能人。主要包括县域农村专业人才、乡村教师、边远贫困地区、边疆民族地区和革命老区人才、"三支一扶"、特岗教师、农业职业经理人、经纪人、乡村工匠、文化能人、非遗传承人等,在传播普及科学知识,示范应用农业先进实用技术,带领一方群众致富,推动当地经济社会发展等方面具有独特作用。

农村专业人才队伍建设是提高农民整体素质的有效途径。农村乡土人才对本地环境资源、生产经验、风土人情非常熟悉,实践经验丰富。他们有强烈的奉献精神、有高超的专业技能,能够组织产业化生产,能够起一定的示范、带动或辐射作用。他们不仅自己干得好,而且能够带领周边的群众跟着自己干,能够把自己掌握的知识传授给身边的农户,进而有效地提高农民的整体素质。

农村专业人才队伍建设是实现产业兴旺的有力支撑。长时间以来各地的农业发展经验表明,农业产业发展每上一个台阶很大程度上都是得益于科技进步。目前,部分地区特别是边远贫困地区、边疆民族地区和革命老区("三区"),农业主导产业不突出、农业竞争力不强、农业综合效益差,主要矛盾并不是缺少优良品种、先进技术,而是科技成果转化水平低,技术嫁接、成果转化的中间环节出现了脱节,其实质是缺少专业人才。2014 年,科技部联合中共中央组织部、财政部、人力资源和社会保障部、国务院扶贫办(今国家乡村振兴局)正式启动"边远贫困地区、边疆民族地区和革命老区人才支持计划科技人员专项计划",以"三区"人才支持计划、科技人员专项计划为抓手,发挥科技特派员作用,加强对贫困地区返乡农民工、大学生村干部、乡土人才、科技示范户的培训,培养一批懂技术、会经营、善管理的脱贫致富带头人和新型职业农民,加快农村经济结构调整,加快产业结构优化升级,为实现乡村振兴提供有力支撑。

农村专业人才队伍建设是农业技术推广体系的有益补充。现阶段基层农业技术推广网络普遍处于"有架子无联通、有人员无联系"的状况。在这种情况下,积极研究、探讨农业技术推广的新思路、新机制就显得十分必要。抓好农村专业人才队伍建设,不失为一条重要途径。农村专业人才都具备某项专业技能,或具备一定的科学知识,所从事的事业有一定的科技含量。加强农村专业人才队伍建设,是在目前基层农技推广网络不健全的情况下,对农业科技推广体系的有益补充。

二、鼓励引导专业技术人员到农村推动产业振兴

高等院校、科研院所等事业单位是我国科技创新的主体,这些单位的专业技术人员是我国科技创新的主力军。现代农业发展是一二三产业融合、产业链协同的发展,以产业链部署科技创新链是支撑现代农业发展的重要方向。现代农业要发展,出路在科技,关键靠人才。但是,目前我国农业农村科技创新活力不够,人才政策和体制机制尚不完全适应现代农业产业和科技创新本身发展。

乡村要振兴,产业振兴是源头、是基础。离开产业的支撑,乡村振兴就是空中楼阁。现代农业是乡村产业兴旺的重点、是大头。而现代农业是科技创新要素驱动的产业,光靠科技文化素质依然较弱的农民自身支撑是远远不够的,需要高等院校、科研院所等事业单位专业技术人员这些"国家队"的强力支撑,为现代农业发展注入"第一动力"。但是,目前科技人员"不愿"或"不敢"深入农村一线、产业一线服务支撑农业与农村现代化发展的重要原因是他们有"后顾之忧",尤其是现有与科技人员发展利益相关的职称评定、工资福利、社会保障等方面的权益在现有的政策与评定框架下得不到有效保障。因此,2019 年 1 月《中共中央 国务院关于坚持农业农村优先发展做好"三农"工作的若干意见》(即 2019 年中央一号文件)提出,全面建立高等院校、科研院所等事业单位专业技术人员到乡村和企业挂职、兼职和离岗创新创业制度,保障其在职称评定、工资福利、社会保障等方面的权益。

三、壮大科技特派员队伍

2016 年国务院办公厅印发《关于深入推行科技特派员制度的若干意见》,为科技特派员、大学生、返乡农民工、乡土人才等营造专业化、社会化、便捷化的创业环境。支持普通高校、科研院所、职业学校和企业的科技人员发挥职业专长,到农村开展创业服务。引导大学生、返乡农民工、退伍转业军人、退休技术人员、农村青年等参与农村科技创业。鼓励高校、科研院所、科技成果转化中介服务机构以及农业科技型企业等各类农业生产经营主体,作为法人科技特派员带动农民创新创业,服务产业和区域发展。结合各类人才计划实施,加强科技特派员的选派和培训,继续实施林业科技特派员、农村流通科技特派员、农村青年科技特派员、巾帼科技特派员专项行动和健康行业科技创业者行动,支持相关行业人才深入农村基层开展创新创业和服务。

普通高校、科研院所、职业学校等事业单位对开展农村科技公益服务的科技特派员,要实行保留原单位工资福利、岗位、编制和优先晋升职务职称的政策,将其工作业绩纳入科技人员考核体系;对深入农村开展科技创业的,要保留其人事关系,与原单位其他在岗人员同等享有参加职称评聘、岗位等级晋升和社会保险等方面的权利,期满后可以根据本人意愿选择辞职创业或回原单位工作。结合实施大学生创业引领计划、离校未就业高校毕业生就业促进计划,动员金融机构、社会组织、行业协会、就业人才服务机构和企事业单位为大学生科技特派员创业提供支持,完善人事、劳动保障代理等服务,对符合规定的要及时纳入社会保险。

鼓励高校、科研院所通过许可、转让、技术入股等方式支持科技特派员转化科技成果,开展农村科技创业,保障科技特派员取得合法收益。通过国家科技成果转化引导基金等,发挥财政资金的杠杆作用,以创投引导、贷款风险补偿等方式,推动形成多元化、多层次、多渠道的融资机制,加大对科技特派员创业企业的支持力度。引导政策性银行和商业银行等金融机构在业务范围内加大信贷支持力度,开展对科技特派员的授信业务和小额贷款业务,完善担保机制,分担创业风险。吸引社会资本参与农村科技创业,鼓励银行与创业投资机构建立市场化、长期性合作机制,支持具有较强自主创新能力和高增长潜力的科技特派员企业进入资本市场融资。对农民专业合作社等农业经营主体,落实减税政策,积极开展创业培训、融资指导等服务。

四、深入实施农业科研杰出人才计划和杰出青年农业科学家项目

从 2011 年起,农业部(农业农村部)牵头实施全国农业科研杰出人才培养计划,这是国家人才规划中确定的 12 个重大人才工程之现代农业人才支撑计划的子计划。农业科研杰出人才的主要职责:一是围绕现代农业发展需求,把握学科发展方向,提出具有战略性、前瞻性、创造性的发展思路,促进本学科领域赶超或保持国际先进水平;二是面向国际科技前沿和行业发展重大需求,承担国家重大农业科研项目,开展基础性、前沿性农业科学研究,开展行业重大共性关键技术创新与集成,提高农业科技自主创新能力;三是加强所在创新团队建设,每个团队培养 10 名左右的核心成员,引领本学科领域农业科技人才队伍建设。深入实施农业科研杰出人才计划和杰出青年农业科学家项目,将有利于稳定和发展我国高层次农业科研人才队伍,形成一支学科专业布局合理、整体素质较高、自主创新能力较强的高层次农业科研人才队伍,长期稳定地

为我国农业农村现代化发展提供持续动力支撑。

五、以知识产权明晰为基础、以知识价值为导向的分配政策

种业是国家战略性、基础性的核心产业,是促进农业长期稳定发展、保障国家粮食安全的根本。随着全球化进程加快、生物技术发展和改革开放的不断深入,我国种业发展面临新的挑战。为提升我国农业科技创新水平,增强农作物种业竞争力,满足建设现代农业的需要,《国务院办公厅关于深化种业体制改革提高创新能力的意见》(国办发〔2013〕103号)强调:深化种业体制改革,充分发挥市场在种业资源配置中的决定性作用,突出以种子企业为主体,推动育种人才、技术、资源依法向企业流动,充分调动科研人员积极性,保护科研人员发明创造的合法权益,促进产学研结合,提高企业自主创新能力,构建商业化育种体系,加快推进现代种业发展,建设种业强国,为国家粮食安全、生态安全和农林业持续稳定发展提供根本性保障。进一步调动种业等领域科研人员的积极性,使科研人员在现代种业的发展中有更大的获得感和持续创新的动力。

第三节　推进乡村文化振兴

一、乡村文化兴盛攻坚战

到2022年,乡村社会文明程度显著提高,新时代文明实践活动覆盖率达到100%,县级以上文明村镇达标率达到80%以上。

(一)培养农村新时代风尚

推进新时代文明实践中心建设,拓展新时代文明实践分中心、站(所)覆盖面。深化文明村创建工作,开展文明村镇、文明家庭、最美家庭等评选活动。深入推进移风易俗,健全农村红白理事会、道德评议会等群众自治组织,深化农村殡葬改革。

(二)建好农村公共文化阵地

开展村镇文体设施标准化创建,建设网上图书馆、网上文化馆、网上博物馆,完成基层综合性文化服务中心建设提升任务。实施文化惠民工程,全市农村年均组织文化活动突破 5 万场次。创建乡村文化发展示范基地,将乡村文化创意产业纳入全市文创产业"百亿信贷计划"。开展安全文化教育进乡村,增强农村居民综合安全意识。

(三)弘扬农村优秀传统文化

实施"乡村记忆"工程,建成 10 个"乡村记忆"村落、20 个"乡村记忆"博物馆。传承发展乡村优秀传统文化,保护农耕文化遗产,推进县及县以下历史文化展示工程,深入挖掘红色文化资源。传承发展非物质文化遗产,创建非物质文化遗产数据库。

二、农耕文化的旅游化创新

农耕文化是乡村文明的核心,也是我国传统文化的源头。2018 年中央一号文件《中共中央 国务院关于实施乡村振兴战略的意见》提出,要切实保护好优秀农耕文化遗产,推动农耕文化遗产合理适度利用,深入挖掘农耕文化蕴含的优秀思想观念、人文精神、道德规范,充分发挥其在凝聚人心、教化群众、淳化民风中的重要作用。我国农耕文化起源于新石器时代,包括农业起源、农业工具、农业种类、农业历法、农业节庆、农业祭祀、农业制度、农业习俗、农业水利、农耕方式、农业思想、农科著作、农业文学、农业艺术、农业文化、农业美食、农业景观、农贸交流、农业延伸等诸多方面。农耕文化的传承,除了要加大文物、建筑、农田的保护力度外,还要通过创造性载体实现创新性的发展。旅游就是一种重要手段,因此本节重点探讨了农耕文化实现旅游化创新的八种方法。

(一)我国农耕文化的历史传承和价值转换

"四体不勤、五谷不分"曾经是讽刺不事稼穑、不辨五谷,脱离生产劳动、缺乏生产知识的农村游手好闲者和"书呆子"之言,现在却成了城市化进程中大多数人的画像特征。越来越多的人脱离了农业生产,加之以规模化、机械化为主的现代化农业的发展,中国传统农耕文化日渐远离人们的生活,因此,保护和传承中国农耕文化变得日趋紧迫和重要。

活态保护和薪火相传固然最佳,但面对轰轰烈烈裹挟一切、摧毁一切的城市化运动和越来越多的"空心村",日渐式微的中国农耕文化面临极大的断崖式被湮没、被消失的风险。因此,需要以眷恋故土、回望家园、守护乡愁的赤子之情,对中国农耕文化进行感恩式、偿债式和救赎式的拯救及悉心呵护,让子孙后代还能找到其血脉之河的上游,找到其祖先曾经生活的、生命和心灵曾经安放的故乡。

当故乡的泥房子坍塌,当城镇化、新农村建设摧毁了老家,当房地产建设改变了家乡的空间场域,当工作和生活中不再需要和农具发生任何关系,该以什么样的方式对故乡和中国农耕文化进行妥善的保护和传承?

由此,中国农耕文化博物馆及各地农耕文化博物馆的成立便极为重要,搜集、整理、设立农耕文化博物馆这项工作,各级各地政府一定不能缺席、拖延和敷衍。

对于普通市民来说,除了参观和了解农耕文化博物馆,应该有更多的机会和方式参与、体验农耕文化,加深对中国农耕文化的了解,增强对中国农耕文化的兴趣和记忆。

农耕文化的深度体验需要通过旅游化方式进行创新,将中国农耕文化融入现代人的休闲、娱乐以及衣、食、住、行、学、商、养等日常生活中。通过喜闻乐见、互动参与的方式,让现代人学习农耕文化知识,传承精耕细作、精益求精、勤劳坚强、只问耕耘不问收获的优秀精神,并指导现代人的生活、工作和学习。比较而言,主题游乐等体验方式更有利于农耕文化的传播与发扬。

(二)我国农耕文化的旅游化创新方法

目前,我国农耕文化的推广以传统的博物馆陈列展览为主,无法满足消费者的审美、互动和游乐需求,古板、枯燥的说教式解说也难以全面呈现一个地区农耕文化的全貌。以下从8个角度提炼了农耕文化的旅游化创新方法。

1.活态化——将非遗古法手工艺作品展示活态化

我国是历史悠久、幅员辽阔的农业大国,自然与人文的地域性差异创造了种类多样、特色明显、内容丰富的农业文化遗产。体验经济时代,将文化遗产束之高阁已经不是最佳的保护方式,以活态化的方式呈现乡村民间技艺和农业艺术作品才是最好的选择。比如,荆州的"九佬十八匠"项目,通过前店后院的形式打造了一个非遗文化传承地,游客可以在现场看到漆器等十几种工艺的工匠们在用传统的古法制作精美手工艺品的过程,匠人们既是在生产,也是在表演。游客通过参观制作工艺的复杂流程,可以深入地了解一个精美手工艺作品需要的时间、精力和匠心,由此能深刻地理解什么叫工匠精神。

2.体验化——通过现场参与传承农耕文化

深度挖掘农耕文化,将农事活动与休闲旅游度假相结合,通过原乡、原俗的农耕体验传承农耕文明。如选择一些有趣的农业活动,做好活动组织及安全预案,让游客参与到丰富的农业生产活动中来,从而体验到"锄禾日当午,汗滴禾下土。谁知盘中餐,粒粒皆辛苦"的稼穑之苦,让游客在趣味的农业劳作中明白一饭一食来之不易,学会尊重劳动、敬畏土地、珍惜粮食。

3.科技化——利用新型科技体验中国农耕文化

随着互联网、人工智能等现代技术的不断发展,农业也逐渐步入信息化、科技化的发展阶段,这助推了农耕文化的华丽转身。田园小火车、3D麦田漂流记、VR麦田、机器人麦田守望者、无服务员智能餐厅、高仿真耕作雕塑、食品加工流程、稻田声光电艺术、温室农业、太空农业、立体农业、体感植物等新一代休闲农业产品,都可以让游客体验多元的农耕文化。

4.艺术化——农业与艺术结合助推营销

一切艺术皆源于生活,因此农业和艺术具有天然的渊源。古代的农具、生活用具、祭祀舞蹈、生产谣谚等,都是人民在生产实践过程中不断总结、创造、改造形成的。在更加注重旅游审美性的当下,农业成为艺术造景的重要来源之一,如七彩花田、稻田画、麦田怪圈、茶海梯田、稻田迷宫等充满艺术气息的农业景观大量涌现。

有的更是做到了极致,如日本的"越后妻有",将现代装置艺术和农田景观进行融合,定期举办大地艺术节,激活了衰落的乡村,成为世界著名的艺术节。

5.文创化——农业与文创深度融合助推"走出去"

文化创意与农业要素相融合,能够将地域特色的农耕文化生动、丰富地呈现给消费者,也可以提升农产品的情感及多重消费价值。这是延伸农业产业链、提高农业附加价值、塑造农业品牌形象的有效手段。

中国台湾是将休闲农业和特色农产品与文化创意融合的典范。地方政府首先聘请专业的文创设计机构,对区域范围内的农产品进行调查、收集、整理和遴选,以五感体验、立体性、多元化的说故事技巧和情感设计的原创能力,挖掘当地的独特故事,然后进行全面的统一设计,实现从品牌策划到包装设计到生产流程的改善。同时,对居民进行技能培训,使他们成为合格的文创产品生产人员,最后向市场和游客推出系列化的文创产品,推动传统文化"走出去"。

6.游戏化——通过农耕文化主题乐园寓教于乐

我国的农耕文化,凝聚了中国人几千年的生产和生活智慧,丰富的农业科技和农业工具可以被转化和创新利用,成为当下热衷的旅游爆款产品。

人们在策划河南的一个项目时,通过收集和整理当地文化资源,发现伏羲、尧、墨子、张衡、诸葛亮等历史名人都曾活动在项目地周边,而他们都发明了许多农耕文化器具,于是在项目里策划了一个小型的古代发明乐园,把农耕文化器械进行改造,变成主题公园的游乐产品。

7.节庆化——多元参与的农业嘉年华盛会

农业嘉年华是以农业生产活动为主题,以狂欢活动为表现形式的休闲农业活动,是拓展都市现代农业实现形式、发展方式、运行模式的一种新探索、新实践。农业嘉年华活动一般举办1—2个月,其中的内容包括特色农产品展销、精品农业擂台赛、农业科技展示、创意农业体验、采摘体验、农地音乐节、小火车、碰碰车、穿梭机、农趣活动、乡村大舞台和花车巡游、3D魔幻迷城、埃及探险、SD动感影院、美食、创意手工、特色居住屋等农业体验和娱乐活动。

以农事为主题的节庆活动,能够在短期内形成农业生产技术、特色农产品、农耕活动、民俗文化等要素的聚集,以多元化的娱乐方式形成人气吸引,这有助于地方农耕文化品牌的塑造和宣传。

8.全息化——中国农耕文化智慧的现代应用

全息农业,是将地理信息、网络通信、人工智能等高新技术与生态学、植物学、土壤学等常规农业科学有机结合,在尊重各类生物自然生长规律的同时,充分挖掘利用万物相生相克的天然机理,致力于强化人类和动植物自然进化的生命记忆信息,从而打造生物内循环生态链的农业开发模式。植物网红、智慧种植、全然养殖、四季养生等,都是全息农业的典型应用方式。

(1)植物网红。利用中医和农学中的植物之间的生克制化关系,达到空气的净化、香氛化以及附带的驱蚊隔虫作用。

(2)智慧种植。利用传统农业中精细手工的方法,加入人与自然感应互通的灵性,将一切蔬果倍产化、景观化。如明前茶,利用一种节节草的溶液可以让茶叶停止生长,刚采完以后又可以利用米浆溶液让其快速生长,经此操作,其产量很容易提高3—5倍。另外,利用植物、菌类、水果壳之类的废料,就可以生产出100多种农药,几乎没有污染,可达到食品级的安全水平。

(3)全然养殖。利用植物酵素等制作饲料,养猪、牛,肉质比现在的任何一种养殖方式都美味,而且养殖成本降至50%。

(4)四季养生。任何一种动植物都有个性、功用、景观、复合性价值,每个年龄段的各种体质和健康程度的人,在二十四节气里都可以在这里得到无微不至的东方生活方式的调养,许多现代病很容易得到治疗。

全息农业将中国传统农耕文化与当代智慧科技无缝连接,兼顾农业生产、生态环境和生命健康,全息化是农业顺应消费升级趋势,满足人们对无公害、无污染、更多营养、更多能量等高品质生活要素需求的重要发展方向,有着巨大的推广价值。

三、乡村振兴为新乡贤提供广阔的发展空间

(一)乡村为新乡贤带来更大的发展机遇

新乡贤拥有一定的知识、技术及资源积累,受到城市文明的洗礼,拥有先进的理念。在振兴过程中,乡村面临着产业发展、服务提供、文化生活营造、休闲度假供给等众多机遇。尤其是未来,乡村的田园生活方式将成为中国人尤其是中产阶级养老、度假的主场,有文化、有品位、有特点的项目及产品将面临良好的发展机遇。乡贤在这方面有着独特的优势。

(二)乡村拥有成就新乡贤的合适土壤

新农村的乡土、文化、精神、生态价值是成就新乡贤的合适土壤。田园生活是中国人的精神归宿,乡村保留书香弥漫和亲近自然的乡土情调,拥有浓浓的人情味,这是其精神价值所在。纵观欧

美国家的乡村,其价值并不以种植粮食衡量,而是更多地注重文化价值。我国乡村未来的发展,不仅仅是以农业生产为主,弘扬根植于乡村中的文化价值和精神价值,为有情怀的返乡青年、企业家提供文化平台,将成为主要方向之一。因此,乡村振兴背景下发展起来的乡村,是成就新乡贤的最佳土壤。

(三)乡村治理为新乡贤提供发展平台

在深化村民自治实践中,要积极发挥新乡贤作用。新乡贤大多具有一定的社会地位,视野开阔,怀着反哺家乡的初衷携技回乡,为乡村的发展带来新思维、新技术。在乡村治理中,要充分发挥新乡贤的作用,为基层治理增添新的活力。除此之外,要大力弘扬乡贤文化,增强村民的认同感和荣誉感,这有助于村民主动参与到乡村治理中,并吸引和聚集其他成功的社会人士,共同为乡村建设出谋划策。

在乡村建设中,要充分认识新乡贤对现代乡村治理的积极作用,鼓励和吸引新乡贤参与共建。这样不但能够逐步改善乡村经济、社会、生态文明等方面的现状,还能以新乡贤文化重塑厚植于乡村社会的道德规范和文明乡风。

四、传承发展提升农村优秀传统文化

乡村是"根",文化是"魂",农村文化是农村全面发展的有机组成部分,传承发展提升农村优秀传统文化是实施乡村振兴战略的重要任务。传承发展提升农村优秀传统文化,不仅可以丰富农民群众的文化生活、为农村发展提供精神支撑和智力支持,而且对建设好全国人民共同的精神家园具有不可替代的作用。

(一)农村优秀传统文化是中华民族的宝贵财富

中华民族五千多年连绵不断的文明历史,大多数时期是农耕文明,祖先们正是以此为背景,创造了博大精深的中华文明,形成了以讲仁爱、重民本、守诚信、崇正义、尚和合、求大同等价值观念为内核的民族精神。形成这些价值观念的活化石、原生态都在乡村,传承这些价值观念的许多载体也在乡村,乡村的村庄布局、建筑形态,乡村的农事活动、民间艺术,乡村的家庭生活、民俗活动,随处可见中华民族的哲学思考、思想智慧、精神追求、人生态度。这些民族优秀文化,不但没有过时,而且对于解决当今人类面临的发展难题、社会问题、精神困惑有着不可替代的重要作用。

在城镇化快速发展的今天,有必要重新审视乡村的功能和价值。乡村不仅具有生产、生活、生态价值,而且具有持久的历史、文化、生命价值。乡村和城镇相互依赖、相互促进、相互支撑,是一个不可分割的有机整体,城市文明和乡村文明是并行的,可以相互影响借鉴,但不是以城市文明替代乡村文明,乡村不能成为城市的附庸。那些认为乡村文明是落后文明、应以城市文化取代乡村文化的观点是肤浅的、短视的,甚至是有害的,对此必须有清醒认识,增强文化自信和文化自觉。

(二)农村优秀传统文化对乡村振兴意义重大

乡村振兴离不开农村优秀传统文化的滋养,离不开农村优秀传统文化的繁荣。从精神动力方面来看,农村优秀传统文化是乡村的"魂",几千年农耕生活形成的民风民俗、伦理道德、乡规民约等,是确保农村生生不息、有序发展的重要思想文化基础。正因为有了这个"魂",乡村才散不了,农民才有干劲,振兴才有盼头。从文化生活方面来看,尽管这些年现代文化生活进入乡村,但村民们最喜欢的还是地方戏曲、民间社火、传统艺术等乡土气息浓郁的传统文化艺术,保护好、传承好这些老祖宗留下来的东西,对于丰富农民群众的文化生活具有不可替代的重要作用。从产业发展方面来看,农村优秀传统文化也是农村发展地方特色优势产业的重要基础。近年来,一些地方利用古镇、古村落发展壮大了乡村旅游和休闲农业,一些地方通过挖掘民间手工艺,带动起一个村、一个镇乃至一个县的特色产业发展。

应该肯定这些年来农村文化建设取得的进展和成绩,它们对于促进农村改革发展稳定功不可没。但也必须清醒地看到,农村优秀传统文化被忽视、被破坏、被取代的现象也相当严重,一些地方乡村文化正在逐步消失。在物质文化方面,许多地方村庄形态、传统建筑、田园风光、传统工艺不复存在,乡村文化没有了载体。据中国新闻网报道,近些年来,我国传统村落数目锐减,正反映了这种现象。

在精神文化方面,乡贤文化、家庭伦理、传统艺术、乡风民俗日渐式微,一些主要流传于乡村的传统民俗、传统戏曲、手工艺等濒临失传。据统计,1959 年我国尚有 368 个剧种,到 2015 年只剩下286 个,平均每两年就有 3 个剧种消失;另有 74 个剧种只剩一个职业剧团或戏班,处于消失边缘。近年来,通过实施戏曲振兴工程,情况有所改变,但形势仍然不容乐观。在制度文化方面,法治观念淡薄、村规民约的约束力不强、村民自治能力较弱的现象较为普遍地存在。在实施乡村振兴战略的进程中,必须着力解决这些问题。

(三)准确把握传承发展提升农村优秀传统文化的政策内涵

2019 年中央一号文件提出,立足乡村文明,汲取城市文明及外来文化优秀成果,在保护传承的基础上,创造性转化、创新性发展,不断赋予时代内涵、丰富表现形式。切实保护好优秀农耕文化遗产,推动优秀农耕文化遗产合理适度利用。深入挖掘农耕文化蕴含的优秀思想观念、人文精神、道德规范,充分发挥其在凝聚人心、教化群众、淳化民风中的重要作用。划定乡村建设的历史文化保护线,保护好文物古迹、传统村落、民族村寨、传统建筑、农业遗迹、灌溉工程遗产。支持农村地区优秀戏曲曲艺、少数民族文化、民间文化等传承发展。

这项政策的核心要义可以从两个层面理解:第一个层面是保护传承好农村优秀文化,划定乡村建设的历史文化保护线,保护好乡村文物古迹,传承好优秀民族民间文化,重塑良好的乡村文化生态;第二个层面是在保护传承的基础上,推动乡村文明适应时代、取得新的发展,同时挖掘农耕文化中的优秀元素,发挥其在乡风文明建设中的积极作用。在具体实践中,可以从以下三个方面进行把握。

1.加大农村地区文化遗产保护力度

一是加强农村地区文物资源保护。广大农村地区拥有丰富的文物资源,许多文物资源埋藏于乡野、坐落于乡村、流传于民间,要加大农村地区考古发掘、文物资源普查和保护力度,留住中华优秀传统文化的重要载体。加强革命文物保护利用,推进革命文物集中连片保护。推进对农业遗迹、灌溉工程遗产等的保护,不断完善保护理念、保护路径。适时引入生态博物馆理念,注重保护原有风貌,做到农村文化遗产与生产生活、自然环境相得益彰。

二是加强传统村落、民族村寨、传统建筑保护。实施古村落古民居保护工程、近现代代表性建筑保护展示提升工程,推进全国重点文物保护单位、省级文物保护单位集中成片传统村落整体保护利用项目,提升对传统村落内不可移动文物的保护利用水平。引导村民按照相关部门指导,在合理适当改善文物保护和传统村落保护条件的基础上,从事生产生活和文化传承。鼓励社会力量参与传统村落保护,推广政府和社会资本合作模式,助力农村优秀传统文化传承发展。

三是加强农村非物质文化遗产保护传承。推动国家级文化生态保护区建设向农村地区倾斜。加强作为非遗传承发展重要载体和空间的传统村落、老街、小镇的保护。推进农村地区传统文化艺术发展,加强"中国民间文化艺术之乡"评审命名和建设管理,深入发掘和盘活各地具有鲜明地域特色的各类优秀民间文化资源,在农村地区传承弘扬中华优秀传统文化。

2.加大农村优秀传统文化的阐释宣传力度

一是加强农村文化遗产展示宣传。支持乡村综合利用乡镇文化站、村文化活动室等平台举办各类具有地方特色的历史文化遗产展览、反映农村生产生活变化的实物展览,传承乡村文化脉络、留住乡村记忆。支持地方戏曲、民间文化、少数民族文化等传承发展,支持乡村举办传统表演艺术类非遗项目展演活动和积极向上的民俗活动,营造浓厚的传统文化氛围。

二是加强农村优秀传统文化研究阐释。中华文明根植于农耕文明,中国特色的农事节气,天道自然、天人合一的生态伦理,各具特色的宅院村落,充满乡土气息的节庆活动,丰富多彩的民间艺术,耕读传家的祖传家训,邻里守望的乡风民俗等,都是中华文化的鲜明标签,承载着中华文明生生不息的基因密码,彰显着中华民族的思想智慧和精神追求。要加强研究阐发,取其精华、弃其糟粕,坚持不忘本来、吸收外来、面向未来,深入挖掘农村文化遗产资源中蕴含的优秀思想观念、人文精神、道德规范,结合时代要求继承创新,让农村优秀传统文化展现出永久魅力和时代风采,充分发挥凝聚人心、教化群众、淳化民风等方面的积极作用。

3.推动农村地区文化遗产合理适度利用

一是推动农村文化遗产资源"活起来"。构建融合新型城镇化发展的历史文化名城名镇名村保护体系,推动文物保护与文化旅游、遗产保护与产业发展、环境整治与民生改善相结合。

二是积极发展农村特色文化产业。支持农村地区规划实施一批特色文化产业重点项目,发展手工艺、休闲娱乐、文化创意、乡村旅游等特色文化产业,打造特色文化产业群、田园综合体和特色小镇,促进农民就业增收、农村经济发展。推进文化产业与农业深度融合发展,不断拓展产品附加值,延伸产业链条,提升文化内涵。

三是促进传统工艺振兴。加大"中国非物质文化遗产传承人群研修研习培训计划"对农村地区非遗传承人群的覆盖面,在具备条件的农村地区设立非遗综合性传习中心、传习所和传习点,加强非遗传承发展的重要载体保护和空间保护。在制定国家传统工艺振兴目录中,重点将有助于农村地区带动就业增收的传统工艺项目纳入目录,加大扶持力度。支持传统工艺工作站加大对农村地区扶持力度,支持有较强设计能力的企业、高校和机构在农村地区设立传统工艺工作站,帮助当地企业和传承人群发展富有民族和地域特色的传统工艺产品和品牌。拓展传统工艺产品推介渠道,鼓励农村地区非遗项目参加非遗展览展示活动,推动传承人与各行业人员交流对接,促进合作共赢。

第四节　推进美丽乡村建设

美丽乡村是经济、政治、文化、社会和生态文明协调发展,规划科学、生产发展、生活宽裕、乡风文明、村容整洁、管理民主,宜居、宜业的可持续发展乡村。建设美丽乡村是建设美丽中国的基础,是实施乡村振兴战略的核心内容。牢固树立和践行"绿水青山就是金山银山"的发展理念,统筹山水林田湖草系统治理,促进农业绿色发展,加强农村生态环境保护,改善农村人居环境,建设生态宜居美丽乡村,让乡村呈现环境生态优美、政治生态文明、社会和谐发展的美好景象,让老百姓获得实实在在的幸福感。

一、国家级美丽乡村建设

2013 年,财政部、农业部(今农业农村部)开展了全国"美丽乡村"创建活动。财政部将美丽乡村建设作为一事一议财政奖补工作的主攻方向,启动美丽乡村建设试点,农业部(今农业农村部)出台了关于开展"美丽乡村"创建活动的意见。2015 年,国务院农村综合改革工作小组办公室牵头制定了《美丽乡村建设指南》(GB/T 32000—2015)。2016 年,财政部印发《关于进一步做好美丽乡村建设工作的通知》,提出美丽乡村建设以中央和省财政为主,原则上共同安排每村不少于 300 万元奖补资金,突出充实建设内容,村庄建设与乡风文明并重,参照《美丽乡村建设指南》(GB/T 32000—2015)明确几类切实可行的美丽乡村建设模式加以推广。

农业农村部发布了中国"美丽乡村"十大创建模式,分别为产业发展型、生态保护型、城郊集约型、社会综治型、文化传承型、渔业开发型、草原牧场型、环境整治型、休闲旅游型、高效农业型。每种美丽乡村建设模式,分别代表了某一类型乡村在各自的自然资源禀赋、社会经济发展水平、产业发展特点以及民俗文化传承等条件下建设美丽乡村的成功路径和有益启示。

二、统筹山水林田湖草系统治理

2019 年 1 月《中共中央 国务院关于坚持农业农村优先发展做好"三农"工作的若干意见》提出,要统筹山水林田湖草系统治理,把山水林田湖草作为一个生命共同体,进行统一保护、统一修复。补齐生态短板,提高生态产品供给能力,实现乡村生态宜居,这对加快推进农业农村现代化意义重大而深远。

(一)统筹山水林田湖草系统治理是发展的必然要求

党的十八大以来,以习近平同志为核心的党中央高度重视绿色发展,将生态文明建设纳入"五位一体"总体布局和"四个全面"战略布局,首次把"美丽中国"作为生态文明建设的宏伟目标。绿色发展理念深入人心,加强生态文明建设成为普遍共识。生态文明建设带来了农业农村生产生活方式变革,推动了产业升级,也助推了"绿色革命"。

统筹山水林田湖草系统治理,实行最严格的生态环境保护制度,形成绿色发展方式和生活方式,坚定走生产发展、生活富裕、生态良好的文明发展道路。这就把生态文明建设与广大群众的民生问题更加紧密地联系在了一起,对乡村生态文明道路提出了具体要求。随着中国特色社会主义进入新时代,乡村生态文明建设面临新形势、新任务、新要求。

长期以来,为解决农产品总量不足的矛盾,我国拼资源、拼环境、拼消耗,农业发展方式粗放、资源过度开发利用,农业农村生态系统服务和功能发生退化,一些区位重要的农村地区的生产生活生态受到严重影响。由于没有同时、同步、系统保护好农业农村田、林、土、水等各种自然生态空间,森林质量不高、耕地质量退化、草原生态环境脆弱、渔业物种资源保护形势严峻、沙化土地面积较大、湿地侵占破坏严重等问题突出,生态保护和修复的效果不尽理想。生态环境脆弱,直接影响农业农村可持续发展和全体人民身体健康,已成为全面建成小康社会的突出短板。实施乡村振兴战略,必须坚持走生态环境保护与经济社会发展共赢的绿色发展之路。统筹山水林田湖草系统治理,既是破解农业农村发展瓶颈的客观需要,又是党中央在深刻研判综合把握"三农"发展新形势,顺应广大人民群众殷切期盼所做出的重大决策。

(二)把生态文明建设融入乡村振兴全过程

乡村振兴,生态宜居是关键。统筹山水林田湖草系统治理,核心是要在乡村振兴中坚持人与自然和谐共生,把乡村生态文明建设融入乡村振兴的各方面和全过程。

要完善乡村生态文明建设的体制机制和政策体系,严格保护乡村生态环境,为实现乡村全面振兴提供坚实的生态基础。加快建设生态宜居的乡村环境,保留乡土气息、保存乡村风貌、保护乡村生态、治理乡村生态破坏,让乡村有更舒适的居住条件、更优美的生态环境,让广大人民群众过上更加美好的生活。

要用生命共同体的系统思维打破条块分割的生态管理体制,统筹兼顾农业农村各生态要素、自然生态空间的整体性和系统性及其内在规律,统筹考虑山上山下、地上地下以及流域上下游,对其进行整体保护、系统修复、综合治理,统筹处理好保障国家粮食安全、资源安全和生态安全的关系,更加重视耕地、水、森林、草原、湿地等保护和合理利用,维护平衡协调的城乡生态环境及持续增强的生态服务功能。

要针对制约农业农村发展的突出生态问题,不断创新体制机制,既做到各生态系统协调平衡,又做到粮食安全、生态安全、资源安全综合平衡;既实现有利于人民的宜业宜居宜游宜养的生态环境,又实现生态环境自我修复、自我调节、自然循环的生态格局。

(三)把山水林田湖草作为一个生命共同体

统筹山水林田湖草系统治理,要把生态文明建设摆在乡村振兴的突出位置,有序统筹生产生活生态、全面兼顾经济社会生态三大效益,准确把握保护与开发利用的关系,坚持绿色兴农发展理念,按照系统工程思路加强乡村生态保护修复,不断提升乡村自然生态承载力,还自然以宁静、和谐、美丽,满足人民亲近自然、体验自然、享受自然的需要。

一是要尊重自然、顺应自然、保护自然,统一保护、统一修复乡村自然生态系统。山水林田湖是一个生命共同体,人的命脉在田,田的命脉在水,水的命脉在山,山的命脉在土,土的命脉在树。要像对待生命一样对待生态环境,落实节约优先、保护优先、自然恢复为主的方针,从根本上扭转忽视生态和可持续的粗放型发展模式,坚持节约资源和保护环境的基本国策,实行最严格的生态环境保护制度。

二是要确立发展绿色农业就是保护生态的观念,突出降低农业农村资源开发利用强度,做到取之有时、取之有度,坚定不移推动农业农村形成绿色发展方式和生活方式,提高农业农村可持续发展能力。

三是要树立和践行绿水青山就是金山银山的理念,严守生态保护红线,维护乡村生态优势,推动农业高质量发展,加快建设生态宜居的美丽乡村,以绿色发展引领乡村振兴。

三、加强农村突出环境问题综合治理

2019 年 1 月《中共中央 国务院关于坚持农业农村优先发展做好"三农"工作的若干意见》文件将坚持人与自然和谐共生作为实施乡村振兴战略的基本原则之一,对加强农村突出环境问题综合治理做出具体部署。这是党中央坚持以人民为中心的发展思想,贯彻新发展理念,牢牢把握新时代我国"三农"工作的特征,顺应广大农民群众对美好生活的向往而做出的重大决策部署。

(一)深刻认识加强农村突出环境问题综合治理的重大意义

我国是农业大国,农村人口众多,良好生态环境是农村最大优势和宝贵财富。以习近平同志为核心的党中央历来将农村环境保护作为推进农村生态文明建设的重要内容,不断加大农村环境治理力度,农村环境质量得到改善。但是,我国农业面源污染严重,农村污染量大面广,农村环境形势严峻。只有加强农村突出环境问题综合治理,才能为农民创造优美宜居的生产生活环境和美好家园。

1.环境问题综合治理是全面建设社会主义现代化国家的重大任务

全面建设社会主义现代化国家,生态环境是突出短板,农村环保更是薄弱环节。当前,我国农村环境得到一定改善,但与全面建设社会主义现代化国家要求还存在较大差距。必须把农村环境治理作为全面建设社会主义现代化国家的重大任务,拿出硬办法、硬措施,确保实现全面建设社会主义现代化国家的目标。

2.环境问题综合治理是满足人民对美好生活需要的必然要求

"中国要美,农村必须美。"农村环境保护滞后于经济社会发展,是农村发展不平衡不充分的重要体现。必须顺应广大农民群众过上美好生活的期待,牢固树立和践行"绿水青山就是金山银山"的理念,把为农民群众创造优美宜居的生产生活环境作为治理农村突出环境问题的根本出发点和落脚点。

3.环境问题综合治理是推动农业绿色发展的重要抓手

总体上看,我国农业主要依靠资源消耗的粗放经营方式没有根本改变,绿色优质农产品和生态产品供给还不能满足人民群众日益增长的需要。要实行最严格的生态环境保护制度,优化空间布局,转变农业发展方式,推动各地构建人与自然和谐共生的农业发展新格局,促进农业转型升级和绿色发展,形成农村绿色生产方式和生活方式。

(二)准确把握加强农村突出环境问题综合治理的内涵要义

加强农村突出环境问题综合治理是建设美丽宜居乡村的重要内容,是全面建成小康社会的应有之义,是广大农民群众的热切期盼。

1.切实解决农民群众最关心、最直接、最现实的突出环境问题

农村环境保护基础弱、欠账多,问题点多面广,必须统筹规划、突出重点。紧扣保障人民群众饮水安全和食品安全,以农村饮用水水源地保护、农业面源污染防治、重金属污染耕地防控和修复、严禁工业和城镇污染向农业农村转移等为重点,抓紧治理关系人民群众切身利益的突出问题,切实改善农村生产生活环境。

2.贯彻新发展理念,推进农业绿色发展

我国农业发展方式粗放,化肥、农药等农业投入品过量使用,畜禽粪污、农作物秸秆等农业废弃物未得到合理处置。必须坚持新发展理念,以绿色发展引领乡村振兴,实施源头减量、过程控制、末端治理与利用相结合的综合治理,促进农业发展由主要依靠资源消耗向资源节约型、环境友好型转变,走高效、集约、安全、持续的现代农业发展道路。

3.创新体制机制,推动农村环境监管体系建设

我国农村环境监管体系建设滞后,地方各级政府农村环境监管能力薄弱,必须创新农村环境保护体制机制,不断完善政策措施,加强城乡环境执法统筹,强化基层环境监管执法力量,构建政府为主导、企业为主体、社会组织和公众共同参与的农村环境治理体系,切实提高农村环境监管能力。

(三)把加强农村突出环境问题综合治理的重点任务落到实处

1.加强农业面源污染治理和废弃物资源化利用

农业资源环境是农业生产的物质基础和农产品质量安全的源头保障,直接关系着人们的"菜篮子"和"米袋子"的安全。要大力发展节水农业,加快农业高效节水体系建设。继续实施化肥、农药零增长行动,加强农业投入品规范化管理,推广有机肥替代化肥、测土配方施肥,强化病虫害统防统治和全程绿色防控。推进农业绿色生产,积极发展有机农业、循环农业和生态农业等环境友好型农业,强化资源保护与节约利用。推行标准化规模养殖,规范和引导畜禽养殖场做好畜禽粪污资源化利用。统筹资源环境承载能力、畜产品供给保障能力和养殖废弃物资源化利用能力,种植和养殖相结合,就地就近消纳利用畜禽养殖废弃物。实施秸秆综合利用行动,大力开展秸秆还田和秸秆肥料化、饲料化、基料化、原料化和能源化利用。开展地膜回收行动,完善农膜回收体系。加强畜禽养殖污染防治和秸秆露天焚烧监管执法,严格落实畜禽规模养殖环评制度,依法查处环境违法行为,培育发展农村环境治理市场主体,建立畜禽粪污、秸秆等农村有机废弃物收集、转化、利用的网络体系。

2.加强农村水环境治理

农村水环境质量与农民生产生活密切相关,直接影响农民身体健康。要以供水人口多的农村饮用水水源地为重点,加快划定水源保护区或保护范围,加大农村集中式饮用水水源保护区内排污口取缔力度。推进农村生态清洁小流域建设,改善农业生产生活条件和生态环境。加大地下水超采区治理力度和范围,控制华北等地下水漏斗区、西北等地表水过度利用区用水总量。继续深入实施“以奖促治”政策,推进农村环境综合整治,重点治理农村生活污水垃圾,确保完成《水污染防治行动计划》确定的到2020年新增完成13万个建制村环境综合整治的目标任务。

3.强化农用地土壤污染防治

我国土壤污染状况不容乐观,农用地土壤环境质量堪忧,污染地块和农用地环境风险日益凸显。要全面开展土壤污染状况详查工作,摸清农用地土壤污染状况。加快出台土壤污染防治法,完善相关标准规范。以粮食重金属超标区域重金属污染风险防控为重点,加大涉重金属行业污染排查和整治,推进重金属污染耕地防控和修复。推进土壤污染防治先行区建设和土壤污染治理与修复技术应用试点。将严格管控类耕地纳入退耕还林还草范围,同时在农业产业结构调整时,优先在严格管控类耕地上种植棉花等非食用性农产品经济作物。

4.实施流域环境和近岸海域综合治理

流域是由山水林田湖草等构成的生命共同体,要以流域为管理单元,统筹上下游、左右岸、陆地水域进行系统保护、宏观管控、综合治理。推进按流域设置环境监管和行政执法机构试点,调整现行以行政区为主的管理体制,增强流域环境监管和行政执法的独立性、统一性、有效性和权威性。加强近岸海域污染治理,坚持河海兼顾、区域联动,落实《近岸海域污染防治方案》重点任务,推动辽东湾、渤海湾、黄河口、长江口、杭州湾等重点河口海湾综合整治。

5.严禁工业和城镇污染向农业农村转移

要坚持预防为主,把好环境准入关,结合农业和农村实际,出台相关产业准入的负面清单,防止污染"上山下乡"。推动农村规模以上工业企业进园区,实行污染物集中处理。依法禁止未经处理达标的工业和城镇污染物进入农田、养殖水域等农业区域。加强联防联控,依法严厉打击工业固体废物和危险废物违法跨区转移。全面推行排污许可制度,强化监督执法,落实企业达标排放主体责任。

6.加强农村环境监管能力建设

我国农村环境监管体系建设滞后,大部分乡镇没有专门的农村环保工作机构和人员,难以有效开展工作。要落实区县和乡镇农村环境保护主体责任,明确工作主体,确保责有人负、事有人干。结合省级以下环保机构监测监察执法垂直管理制度改革,加强城乡环境保护统一监管和行政执法,促进村民协管、网格巡查、综合检查、专业执法相结合的农村环保监管体系建设,推动环境监测、执法向农村延伸。

四、乡村:现代田园生活方式的主场

随着城市生活节奏的不断加快,越来越多的城市居民产生了回归田园、追求内心宁静的精神需求。乡村地区拥有旖旎的田园风光、浓郁的乡土文化和原生态的生产生活方式,与城市嘈杂喧嚣的生活形成鲜明对比,是体验现代田园生活方式的最佳场所,成为城市居民休闲度假、亲近自然的理想目的地。

中央文件对乡村振兴做出总的部署,生态宜居是其中的核心内容之一。到 2020 年,农村基础设施建设深入推进,农村人居环境明显改善,美丽宜居乡村建设扎实推进;到 2035 年,农村生态环境根本好转,美丽宜居乡村基本实现;到 2050 年,农村美全面实现。生态宜居是"农村美"的重要表现,山水林田湖的生态系统、生态补偿机制、农业生态的产品和服务、农村突出环境问题的整治,构成了未来乡村宜居发展的路径和渠道。可以说,乡村振兴的目标,本质上就是实现和谐发展的乡村生活方式,未来乡村的发展核心,是构建呈现现代化田园生活方式的产居融合综合区。

（一）乡村将成为人们"心灵的栖息地"

新田园主义理念源于霍华德田园城市理论中"以人为主体、城乡一体化、推行社会改革"的理论体系，这一理念在乡村规划、乡村产业、乡村文化、乡村建筑等多方面提出主张，关注人与环境、社区等主体之间的相互关系，要求人们主动掌握环境、经济、社会的规律，鼓励人们践行乡村可持续发展理念。而在中国传统文化的影响下，每个人都有一个田园生活梦。中西文化各自支撑下的田园梦，反映了世界范围内对理想生活方式的普遍追求。由此可以判断，逆城镇化趋势下，人们对田园的、绿色的生活方式的渴求，将是中国农村未来发展的最大推动力。乡村振兴战略下，乡村发展目标是对健康生态田园生活方式的追求，更是对乡愁、乡情、乡韵情怀的向往。

结合新田园主义理念，乡村建设要在以农为本的基础上，依托优越的生态自然条件，融合特色田园风格元素，打造具有田园风情的建筑景观。倡导低碳生活，引入康体养生配套设施，以原生态的田园休闲度假理念，打造人们"心灵的栖息地"。

（二）塑造现代化乡村之"形""神""魂"

乡村宜居绝对不仅仅是居住环境的提升，而是生活条件的全面提升，是生活与生态结合的完整体系的构建。首先，田园居住、生态宜居与产业发展极度关联。如果没有产业做后盾，城市人到乡村，只是将村民的住房变为城市人的别墅，那将是违背社会发展规律的。美国的郊区别墅化，并不适合我国乡村的发展路径。只有结合了现代产业、多样化居住（旅居、养老居住、休闲居住）、农创、文创等产居一体化的发展结构，才是生态宜居的核心。

以产居融合为基础,现代化乡村的美体现在形——生态环境之美、神——传统文化之美、魂——现代生活之美三个层面,需要软件、硬件的双提升来支撑。其中,硬件提升的核心在于供水、供电、网络通信、垃圾处理、道路交通等可以提高生活水平的基础设施的建设,以及图书馆、健身器材、公共绿地等可以彰显生活品质的公共服务设施的建设上;软件提升的关键则在社会治安、社会文化、社区治理等软性管理与服务的提供上。两者根植于乡村,适用于现代化的乡村产业发展及生活需求,互相促进,共同勾勒出一幅乡村现代化的美好蓝图。

1.乡村之"形"——乡村的环境之美

环境美是实现乡村美的基础形态条件,是乡村环境整治的核心内容,主要包括乡村空间重构、建筑风貌改造、基础设施提升、村景美化、夜景亮化等。

(1)乡村空间重构

乡村空间分为生产空间、生活空间、交流空间、信仰空间、商业空间等类型,与人们的生产生活密切相关。乡村空间的高品质打造,既为村庄居民提供了良好的生活环境,也结合了乡村景观小品的设计打造,为乡村旅游、休闲农业、健康养生等第三产业的发展塑造了宜人的环境基础。

(2)建筑风貌改造

乡村建筑风格迥异,在环境整治中,要对村庄建筑质量进行整合、评估,对不符合住房要求的建筑进行整顿、重建。乡村独具特色的建筑风格,不仅能够展现当地文化特色,还能成为乡村吸引游客度假观光的重要资源。

（3）基础设施提升

乡村的基础设施建设主要包括生活设施、生态设施和生产性设施，基础设施配套的推进，要以居民的生产生活为根本，以第三产业发展为动力，两者相互促进，形成协同作用，进一步推动乡村配套与旅游业的发展。

（4）村景美化

村内街道两侧、房前屋后要统一栽植观赏或经济树木、花草，统一挂置花草盆景。对村内主街道两侧的墙壁实施美化，统一规范广告的绘制、悬挂和张贴，绘制文化墙、宣传标语和公共标志。

（5）夜景亮化

夜景亮化工程是对乡村整体环境风貌的进一步升级，通过改造线杆、路灯等亮化设施，完善村内主街道夜晚照明，在合适区域，配合景观，形成夜间活动聚集场所，并对现有的照明设备进行节能改造，以节约成本。

2.乡村之"神"——乡村的文化之美

文化之美是乡村美的精神内涵，打造乡村的文化之美，要在树立文明、法治民风的基础上，深入挖掘当地特色的历史文化，并结合农业节庆、非遗博览会、乡村庙会、乡村运动会等演艺活动，"活化"文化。如举办农业节庆、非遗博览会、乡村庙会、乡村运动会等。文化的活化激活了乡村的旅游产业，而旅游搬运来的人群又带来消费需求和购买力，进而促进传统文化、农村文化、农耕文化的传承、发展、保护。

（1）增强法律宣传，建设文明乡村

提高农村地区法治宣传教育水平，增强农民法律意识和权利意识，提升村民道德思想境界，这不仅有利于乡村良好风气的形成,还开阔了村民视野,有利于进一步推进农村现代化。

(2)完善文化设施,关注精神需求

在乡村经济发展的同时,需要关注村民的精神需求。在村庄内设立图书馆、活动中心、文化交流中心等场所,一方面能够丰富村民的闲暇业余生活,另一方面可以提升村民文化素养,为创造和谐乡村奠定文明基础。

(3)挖掘地方文化,展现文化底蕴

在展现农耕文化的同时,相关部门还应充分挖掘当地特色历史文化,对乡村物质文化遗产进行保护,对非物质文化遗产及即将消失的手工艺、民间艺术进行传承与弘扬,并结合旅游等第三产业的发展,借助现代科技、演艺活动等手段,让文化以崭新的形态融入人们日常生活,增强地方文化自信。

3.乡村之"魂"——乡村的生活之美

乡村的生活之美是乡村美的灵魂,乡村建设的一切工作,最终目的都是要提升乡村的生活品质。乡村营造田园生活氛围具有天然的优势,具体而言,主要体现在以下三个方面:一是依托农耕文化、乡愁文化和民俗文化,围绕田园建筑景观,营造"最原味"的乡土田园生活场景;二是在完善休闲配套和娱乐配套设施,结合养生康体生活方式的基础上,提供"最闲适"的慢生活体验;三是可基于优越的生态自然环境,从餐饮、交通、休闲等多方面,打造"最绿色"的田园人居生活。

(1)"最原味"的乡土田园生活

田园景观和田园文化是乡土田园生活场景的重要组成部分。田园景观是以田园为载体,依托农作物或者农业生产活动,将田地、道路、房屋等从美学的角度合理组合,形成特色田园风光。在乡村规划中,从现代景观生态学的视角,利用"田地艺术"打造手法,通过对自然地理气候、乡村地势地貌、乡土生产性景观作物及民俗器具等的统一把握,营造富有造型的、具有震撼性的乡野大地景观,表现出田园景观中最具魅力的层面。在建筑形态上,以乡土地区的本土建筑为原型,融入我国建筑文化的精华元素,适当添加现代建筑符号,凸显本土文化,创新设计出"田园民居"。在食品安全上,依托乡村良好的生态环境,积极治理污染,降低农药化肥的利用,改善土地性状,大力推广绿色、有机循环种植、养殖业发展,为居民提供安全、原味、生态、绿色的有机食品。

乡村的田园文化包含农耕文化、民俗文化、历史文化等丰富多样的内容,是历史传承多年的文脉积淀。通过"泛博物馆"手法,将这些静态散落着的田园文化加以整合,通过主题游乐和互动化体验参与的方式,在开放的空间展示给大众,可形成新的游憩方式和商业业态,并有效促进田园文化底蕴的传播与延续。

在充满田园特色风情的景观环境中感受乡土文化,在田园文化的熏陶下欣赏和认知田园景观,文化与景观的相互融合和渗透,营造出"最原味"的乡土田园生活场景,对改善乡村风貌、发展乡村旅游有着极大的推动作用。

(2)"最闲适"的慢生活体验

乡村良好的自然环境和生态的劳作方式为开展田园养生提供良好的条件,康体养生与休闲农业相结合赋予乡村经济新动能。田园养生是一种闲适的慢生活体验,依托乡村的资源禀赋,在田园中参与农耕农作,以达到回归自然、修身养性的目的。

作为休闲农业的高阶形态,田园养生度假不仅要有优越的生态环境作为基本保障,还需要提供必要的休闲娱乐配套和康体保健服务。在乡村这一载体中,将田园、村庄和自然三者相互融合,将度假区建设到非农耕区,营造"与世隔绝"的意境。在乡村的配套设施建设和建筑设计中,尽可能地减少人为改造,以体现乡村的原真性与自然性。将农耕农作与康体养生相结合,不仅能够增加农产品附加值,还能够让人们体会到回归自然的乐趣。以采茶为例,在采茶活动中,传播茶文化、教授养生茶道,将劳作作为一种生活方式,是田园养生度假中的重要环节。

由此可见,乡村拥有提供"最闲适"慢生活体验的丰富资源,发展田园养生,通过休闲娱乐设施、康体养生设施与田园景观、劳作、物产、文化的融合,可有效实现乡村田园休闲度假项目价值的提升。

(3)"最绿色"的田园人居生活

乡村与绿色有着密不可分的联系。乡村地区一般远离闹市,拥有较高的森林覆盖率,绿水青山的生态环境是优质田园生活的基本保障。绿色餐饮是现代田园生活的基础需求,乡村作为农产品的原产地,能够提供纯天然无污染的健康食品。此外,乡村地区保留了农耕文化的人与自然和谐统一理念,人们崇尚精耕细作、合作包容,内敛式自给自足的生活方式与现代社会提倡的环保低碳理念不谋而合。

乡村的绿色发展方式和生活方式是吸引人们体验田园生活的关键因素,注重环境保护和生态系统建设,是在乡村振兴战略下发展经济的首要前提。发展生态农业,是乡村绿色建设的产业支撑;倡导低碳环保的生活方式,是践行生态文明的具体措施。只有在乡村绿色发展结构的规划下,才能在经济发展的同时,不打破自然生态系统,保证乡村的原真性,实现"最绿色"田园人居生活的独特体验。

(4)"最人性"的乡村社区治理

人性化乡村社区治理的关键是在保证治安的基础上,治理模式从管理型向服务型转变。一是搭建交流活动平台。搭建活动中心、社区图书馆公共活动空间,举办社区联谊、社区交流活动,为社区居民提供交流的场所与机会。二是成立社区自主管理组织。各类人才的下乡重塑了乡村社区居民的结构,新乡民有能力也有需求建立自主的管理组织,来提高生活的便利度,构建心中的梦想家园。三是提供个性化的便民服务。针对社区婴幼儿看管、照顾老人、课业辅导等不同的需求,可以通过志愿者或有偿服务等方式,解决社区居民的不同生活需求。总之,乡村社区治理需要始终不忘"服务"宗旨,为社区居民提供优美的生活环境、温馨的生活氛围及贴心的服务内容。

(三)旅游将推动现代乡村生活方式的塑造

1.乡村旅游实现多产业、多业态的交融

历史上传统田园生活倡导的是自治、自给自足、自由迁徙,男耕女织、日出而作日落而息的生活方式,遵循自然规律是其基本特征。这种基于农耕文化形成的生活方式,沿袭至今保留了安逸、清静、闲适的生活形态,这是与城市生活的本质差异,也是田园生活吸引游客的关键所在。在政策和市场的驱动下,现代田园生活不仅需要满足人们对绿水青山和回归自然的向往,还需要满足游客康体养生、乡风民俗体验、休闲农业娱乐等多方面需求。乡村旅游的兴起,聚集和整合了丰富的产业链,为现代田园生活带来了多层次的特色体验。

在乡村美食方面,以原生态农产品为原料,制作乡村美食,开

发糕点制作、干菜制作、腌制品制作等农家体验产品,打造"舌尖上的田园生活"。在乡村观光方面,以乡村农舍、园艺场地、绿化地带等景观开发乡村观光产品,同时拉动观光车、观光船等观光交通业发展,满足田园生活的休闲娱乐需求。在乡土乡情方面,挖掘乡村民俗文化和风土人情,打造乡村博物馆、民间工艺馆、民俗体验基地、乡村旅游嘉年华、乡村音乐会等体验项目,将田园与文化艺术相融合,满足游客对现代田园生活的精神文化体验需求。在乡间度假方面,建造乡村会所、庄园,完善养生养老配套,拓展娱乐活动空间,结合高端度假产业、健康产业和娱乐产业,促进现代田园生活品质的提高。

2.乡村旅游塑造"以人为本、宜居宜业"的新形象

我国乡村治理处于国家治理体系的末端,在基础设施和公共服务设施配套、监督管理体制完善程度和村民环保意识等诸多方面,与城市标准都相距甚远。发展乡村旅游在很大程度上弥补了乡村治理中的设施不足和机制缺陷,通过吸引旅游产业链上各领域企业聚集,为乡村发展提供必要的服务设施配套,并从景观设计的角度改善乡村整体风貌,从而提高人居生活品质。乡村旅游的就业带动功能,让村民切实享受到乡村发展的福利,能够唤起他们的主人翁意识,唤起他们对于乡村的归属感,从而自觉地增强环保意识,为建设宜居宜业家园贡献力量。

旅游者的需求具有多变性和灵活性的特点,为了吸引更多的游客,乡村旅游产品应不断更迭,对于不同年龄、不同文化背景、不同地区的游客,推出小众化、个性化、定制化的产品。此外,乡村旅游具有天然的生态属性,为游客提供贴近自然、与自然和谐相处的精神感受,将生态文明和文化旅游深度融合,强调"天人合一"的可持续发展。因此,发展乡村旅游不仅是为旅游者服务,还是为自然服务,这是"以人为本"更高层次的体现。

3.乡村旅游促进城乡互动,提升田园生活品质

乡村旅游是实现城乡良性互动、错位发展的重要环节,有助于城乡产业、文化、客源等资源的相互流通和整合。城市向乡村延伸,为乡村发展带来了商机,带动产业结构的持续优化,推动以现代农业为基础的一、二、三产业融合发展。乡村经济实力不断增强,为乡村旅游的健康持续发展奠定了坚实的基础,促进乡村地区硬件设施的完善和软件服务水平的提高,从而带动田园生活品质的提升。

乡村向城市靠拢,一方面指的是乡村人口进入城市感受现代文明,城市与乡村互为目的地和客源地;另一方面指的是乡村人口在城市中体验生产和生活方式的互换后,将先进的技术和理念带回乡村,融入乡村旅游的发展中,为现代田园生活注入新的体验。例如,为了迎合休闲度假游客的视觉审美需求,对农副产品包装进行精心设计,用精美的果篮、花盒提升产品的整体形象;在乡村餐饮制作中,在保证口感的前提下,注重食材色彩搭配和摆盘,均衡营养,以此获得田园生活体验者的青睐。

综上所述,发展乡村旅游,可以优化农村经济产业结构,拓展农业产业链,增加农副产品附加值,完善乡村地区基础设施和公共服务设施建设,改善人居环境,延续和传承优秀的民俗文化,促进乡村地区社会经济效益的综合提升。因此,乡村旅游是升级现代田园生活体验的重要载体和手段,能够为现代田园生活注入源源不断的活力。

五、持续改善农村人居环境

(一)农村人居环境建设取得突出进展

党中央、国务院高度重视改善农村人居环境。各地开展新农村建设,应坚持因地制宜、分类指导,规划先行、完善机制,突出重点、统筹协调,通过长期艰苦努力,全面改善农村生产生活条件。

1.形成中央统筹指导、地方狠抓落实的推进机制

启动每年一次覆盖所有行政村的农村人居环境普查,普查内容涵盖垃圾、污水、村内道路等 30 多项指标,掌握了全国农村人居环境发展变化情况。目前,各省(自治区、直辖市)将改善农村人居环境工作纳入党委、政府重要议事日程,成立了专门的领导小组,制定了相关文件或规划,启动了专项工程,加大了资金投入力度,建立了对改善农村人居环境工作的考核机制。

2.确立因地制宜、分类指导的工作思路

按照习近平总书记重要指示精神,在总结浙江等地区实践经验基础上,住房和城乡建设部会同有关部门提出乡村建设"保障基本生活条件、整治村庄环境、建设美丽乡村"三个阶段任务。《国务院办公厅关于改善农村人居环境的指导意见》进一步明确了三个阶段目标和任务安排。各地按照这一思路,结合实际制定改善农村人居环境规划或实施方案,分类、分阶段设定目标和重点任务。

3.农村生活垃圾污水治理取得突破

按照中央部署,自 2014 年起,住房和城乡建设部等部门大力推进农村生活垃圾治理专项行动,到 2017 年年底,全国农村生活垃圾得到处理的行政村比例达 70% 以上,较 2014 年提高 26%。难度较大的农村生活污水治理也取得了突破,2015 年,住房和城乡建设部启动农村生活污水治理百县示范,目前全国有 290 多个县的农村生活污水治理全面推进。截至目前,村庄人居环境得到整治的行政村比例超过 60%,这是中华人民共和国成立以来我国农村人居环境建设取得的标志性成就。

(二)部署开展农村人居环境整治三年行动

经过努力,我国农村人居环境状况有了相当大的改观,但是农村脏乱差问题依然十分严重。全国有 1/3 村庄的生活垃圾没有得到收集和处理,80% 的行政村生活污水没有得到治理,30% 的行政村村内道路没有实现硬化,不少农村居民还在使用不卫生的厕所。可以说,农村是全面建成小康社会的短板,农村的人居环境又是短板中的短板。必须下定决心整治农村人居环境,补齐农村地区全面建成小康社会的这块短板,决不能把脏乱差带到小康社会。

按照中央关于实施乡村振兴战略的部署安排,到 2020 年,农村人居环境明显改善,美丽宜居乡村建设扎实推进;到 2035 年,农村生态环境根本好转,美丽宜居乡村基本实现;到 2050 年,乡村全面振兴,农业强、农村美、农民富全面实现。落实乡村振兴战略目标要求,实现乡村全面振兴、全面建成美丽宜居乡村,一个重要抓手就是实施农村人居环境整治提升行动。

2018 年年初,中共中央办公厅、国务院办公厅印发了《农村人居环境整治三年行动方案》,提出以建设美丽宜居村庄为导向,以农村垃圾、污水治理和村容村貌提升为主攻方向,加快补齐农村人居环境突出短板,明确了全面推进农村生活垃圾治理、开展厕所粪污治理、梯次推进农村生活污水治理、提升村容村貌、加强村庄规划管理、完善建设和管护机制6项重点任务,到2020年实现农村人居环境明显改善,村庄环境基本干净整洁有序,为如期实现全面建成小康社会目标打下坚实基础。

(三)深入推进农村人居环境整治

1.全面推进农村生活垃圾治理

2015年,住房城乡建设部等多部门联合印发《关于全面推进农村垃圾治理的指导意见》(建村〔2015〕170号),提出建立农村生活垃圾全面治理逐省验收制度。截至2017年年底,全国农村生活垃圾得到处理的行政村比例从2013年的36.6%提高到74%,2015—2017年年均提高8.7%。住房和城乡建设部将会继续推进逐省验收工作,建立治理工作进展定期检查和通报机制,对工作落后的省份进行专项督查,对通过验收的省份组织开展"回头看",到2020年基本实现90%的治理目标,这将是农村人居环境整治三年行动的标志性成果。同时,继续推进农村生活垃圾分类和资源化利用,力争每年公布一批分类工作较好的县(市、区)名单,总结并推广成熟经验,供各地学习借鉴。

2.开展厕所粪污治理

厕所污水占生活污水的比例不大,但污染程度占生活污水污染的90%左右,农村不少传染疾病是由厕所粪便污染和不安全饮水引起的。现阶段要大力推进厕所革命,对东部地区、中西部城市近郊区等有基础、有条件的地区,要加快推进户用卫生厕所建设和改造,对其他地区要普及不同水平的卫生厕所,卫生厕所普及率达到85%左右。对人口规模较大且有需求的村庄,配套建设公共厕所。但无论是建设还是改造何种卫生厕所,必须同步对厕所粪污进行处理或资源化利用,不能厕所改了粪污仍然直接排放。

3.梯次推进农村生活污水治理

从各地实践来看,开展农村生活污水治理,采取纳入城市管网、建村集中污水处理站、建分户污水处理设施任何一种处理方式,平均每户农户的建设费用是1万元。相对改厕而言,这项工作的投资量更加巨大,且现阶段运行管理能力也跟不上。今后将以县为单位开展农村生活污水统筹治理示范,总结并推广示范县经验,扩大示范县数量,在有条件的地区推动城镇污水管网向周边农村延伸覆盖。继续实施农村环境综合整治项目,支持重点地区的村庄治理生活污水。制定农村生活污水处理排放标准。同时指导地方开展农户房前屋后的坑塘沟渠疏浚,逐步消除农村黑臭水体,并将农村水环境治理纳入河长制、湖长制管理。

4.提升村容村貌

总体上,我国的村容村貌比较落后,其中最影响农村风貌的是农房。我国大多数农房缺乏设计、外观呆板。今后将从以下四个方面加强对农房风貌的管理:一是探索将农房建筑风貌纳入乡村建设规划许可进行管理;二是推广现代生土建筑等改良型传统民居,开展田园建筑示范;三是引导建筑师下乡帮助地方开展农房设计,推动建设体现地域特点、民族特色和时代特征的现代农房;四是组织开展农村建筑工匠培训,让工匠成为提升农村建筑风貌的一支主体力量。同时,大力推进村庄绿化,充分利用闲置土地开展植树造林等活动,建设绿色生态村庄。

经过多年的努力,全国约8%的行政村建成了美丽乡村,各部门也支持发展了一批特色村、旅游村,但整体上看,全国还没有进入美丽乡村建设阶段。今后,要建立一个长远的目标导向,以建设美丽乡村作为全国农村人居环境改善的最高标准,力争通过 10～20 年的努力,综合推进乡村规划管控、农民生产生活改善、村庄环境整治、风貌提升等工作,使农村山水林田路房整体改善,充分展现美丽乡村的魅力和经济、社会、教育、文化等多方面的价值,实现农村人居环境全面提升。

第二章　高素质农民在乡村振兴战略中的历史使命

第一节　"素质"与高素质农民的内涵

2013年6月,农业部(今农业农村部,下同)办公厅下发《关于新型职业农民培育试点工作的指导意见》,对新型职业农民的内涵进行了阐述,即"从我国农村基本经营制度和农业生产经营现状及发展趋势看,新型职业农民是指以农业为职业、具有一定的专业技能、收入主要来自农业的现代农业从业者。主要包括生产经营型、专业技能型和社会服务型职业农民。生产经营型职业农民,是指以农业为职业、占有一定的资源、具有一定的专业技能、有一定的资金投入能力、收入主要来自农业的农业劳动力,主要是专业大户、家庭农场主、农民合作社带头人等。专业技能型职业农民,是指在农民合作社、家庭农场、专业大户、农业企业等新型生产经营主体中较为稳定地从事农业劳动作业,并以此为主要收入来源,具有一定专业技能的农业劳动力,主要是农业工人、农业雇员等。社会服务型职业农民,是指在社会化服务组织中或个体直接从事农业产前、产中、产后服务,并以此为主要收入来源,具有相应服务能力的农业社会化服务人员,主要是农村信息员、农村经纪人、农机服务人员、统防统治植保员、村级动物防疫员等农业社会化服务人员"。2015年,农业部下发《关于统筹开展新型职业农民和农村实用人才认定工作的通知》,将新型职业农民的分类调整为生产经营型、专业技能型和专业服务型三类,把"社会服务型"调整为"专业服务型",在名称上突出围绕农业生产的专业服务,内涵没有明显变化。

一、新型职业农民是"职业农民"和"新型农民"的有机结合

"职业农民"突出农业生产的生产力意义和专业化要求。2005 年 11 月,农业部在《关于实施农村实用人才培养"百万中专生计划"的意见》中首次提出要培养职业农民,将职业农民作为农村实用人才培养"百万中专生计划"的培养对象。根据培养农村实用人才的要求,职业农民是指从事种植、养殖、加工等农业生产活动,以及农村经营管理、服务等农村经济社会发展领域的农民。关于新型农民的内涵,2006 年一号文件首次提出"新型农民"的概念,并做了三个方面的界定,即有文化、懂技术、会经营。2012 年一号文件首次提出"要大力培育新型职业农民",虽然没有明确新型职业农民的具体含义,但强调要"以提高科技素质、职业技能、经营能力为核心,大规模开展农村实用人才培训",重点培养"农村发展带头人、农村技能服务型人才、农村生产经营型人才"。可见,新型职业农民是"职业农民"和"新型农民"的有机结合。新型职业农民是指掌握现代农业生产经营的专业知识和技能,以自主选择为前提、以市场为导向,在农业产业化各环节中从事生产、经营、服务等专业工作,并获得相应报酬的职业群体。

"有文化、懂技术、会经营"是新型职业农民的首要特质。"有文化"是指职业农民应达到一定的文化程度,具备一定的科普知识和农业生产基础知识;"懂技术"是指职业农民应掌握一定的农业

科学技术知识、劳动经验和生产技能,并且具备一定的学习能力,善于学习先进的科学文化知识和技能;"会经营"是指职业农民生产经营活动是市场导向的,因而应具备较强的市场经营意识,主动适应市场变化,根据市场需求和信息来选择、决策、发展、经营农业产品和项目。主要包括专业大户、家庭农场、农民合作社、农业企业、社会化服务组织等多种经营主体负责人及其部分家庭成员,主要来自未升学的农村初高中毕业生、农民工回流人员或者极少部分的城市居民、军队待安置人员等。新型职业农民要主动抛弃一切歧视农民的偏见和行为,在成为新型职业农民的道路上不怕艰难、勇于挑战,增强成为职业农民的自豪感和使命感。爱农业,要把务农作为终身职业,保持稳定性;要承担更多的社会责任,对消费者负责,对环境负责,对后代负责。

二、新型职业农民是区别于传统农民的职业化认定

在农业现代化进程中,"农民"的内涵和特征在发生变化,出现了不同的形态(见表2-1)。"新型"是与"旧型"相对的概念,"旧型"农民就是人们传统意义上定位的农民,在传统农业社会条件下形成的主要依靠经验和土地、天气等自然资源而结成的劳动者群体,他们长期居住在农村社区,并以土地等农业生产资料,依靠传统农耕技术长期从事农业生产,其特点就是纯手工劳作、发展落后、知识缺乏。"新型"职业农民是农民由传统向职业化发展,指以农业为职业、具有一定的专业技能、收入主要来自农业的现代农业从业者,农民职业化是现代农民发展的重要趋势。

表 2-1 农民的分类及类型

	农民分类	名称演进	基本特点	具体类型
1	传统农民	农民	传统性——仅凭传统技术和经验进行生产	
2	新型农民	新型职业农民	职业性——有文化、懂技术、会经营,爱农业	生产经营型
				专业技能型
				社会服务型

何为农民职业化?学界对此已经有所论及,如田园在《我国农民职业化问题制约因素分析》一文中提出,所谓农民职业化是指长期从事农业生产经营的职业农民,经过集约化、专业化、规模化生产使产品参与市场竞争,并成为市场的经营主体。孙迪亮、邹慧认为农民职业化是指农民由一种身份标识向特定职业转化的过程,此过程以农民务农热情的提高为前提,以农业生产规模的扩大为基础,以农民职业素质的提高为动力,以农业现代化的实现为目标。张红宇认为农民职业化就是农民利用市场机制和规则获取报酬,并追求实现自己的利润最大化,进而实现农业产业化、农业生产者专业化分工和职业化发展。

实质上,农民职业化就是农民自身的转型,即从传统体力型农民转向新型的技能型农民的过程。在这个过程中,农民的职业发展方式、职业发展理念、职业发展目标、职业发展通道有别于传统农民。①务农的主体是将务农作为一种长期稳定的职业、具有一定的专业技能、收入主要来自农业的职业农民。②务农是一种自愿的职业原则,从事农业不是子承父业式的自然而然的活动,也不是别人强制的,而是农民从事农业这种职业是自愿选择的。③职业农民需要具备特定的资质,职业农民具有成熟的耕作经验、先进的经营管理技术和较强的市场经营能力。④农业生产方式与其他产业的生产方式是同质的,能够获取社会平均收益,得到公正的社会待遇,像从事其他职业的市民一样享有国家统一提供的就业、养老和医疗保障,不再是弱势群体,被人同情或歧视,农民生活优质化。⑤农业生产方式由传统向现代转型,通过集约化、专业化、规模化生产,进而实现农业产业化、现代化。⑥农民职业的进入和退出自由,即市民可选择农民职业,农民亦可选择非农职业。⑦农民职业化不同于农民非农化和农民市民化,其实质在于由传统农民向职业农民的转化。周雪松等在《传统农民向职业农民转化问题研究》一文中指出,农民由传统农民向职业化农民转变需经历三个阶段:一是经过传统农民向新型农民转化,即知识化;二是新型农民向新型职业农民转化,即去身份化;三是新型职业农民转化,即专业化。

同时,在广大农村,还存在这样一个群体:他们有时在农村扮演着农民或者"新型农民"的角色,有时又像候鸟一样到城市打工,充当着"农民工"的角色,或者逐渐转化为市民。这些农民工还时常返回农村(即农民工回流),继续做农民或者"新型农民"(当然,也有从事其他行业或者职业的)。本书将这一群体称为"兼业农民"。兼业农民在新农村建设中也起了积极的作用。也有专家将此类农民称为新型职业农民的第四种类型,具体包括具有知识和专业技能的农科大中专毕业生、返乡青年农民工、复转军人等新型职业农民。

三、高素质农民

2019 年 8 月 19 日,《中国共产党农村工作条例》发布实施。

文件中把沿用多年的新型职业农民培训换成高素质农民培养。在2021年1月4日发布的中央一号文件、2月23日发布的《关于加快推进乡村人才振兴的意见》、3月12日公布的《中华人民共和国国民经济和社会发展第十四个五年规划和2035年远景目标纲要》、4月29日通过的《中华人民共和国乡村振兴促进法》等法规中,均把培训培育高素质农民作为实现乡村振兴战略的重要抓手。

从新型职业农民到高素质农民,不是简单的提法转变,而是意味着我国对于乡村振兴中的农民培育工作从高度方面有了新的提升。这种转变,首先是基于我国大国小农的基本国情,是对农民职业化耐心的体现。在我国,大量小农户的存在是一个长期历史过程;附着在土地上的农业,不仅仅是国家粮食安全的战略问题,还肩负着大量小农户的基本生活保障、发挥着社会经济发展缓冲器的重要作用。另外,在城市化过程中,相当比例在城市有相对稳定工作和居所的农民,不愿意放弃在农村宅基地和土地承包地权益的现象普遍存在。这是世界上任何实现农业现代化的国家都没有遇到过的。基于农村的稳定和城市化的稳步协调推进,我国不可能像欧美发达国家那样,把所有农民作为一个具有严格门槛的职业来对待。农民的职业化,一定是一个长期的历史过程。因此,从农民群体中,把培育的重点从促进其职业化转变为促进其素质全面提升,促进农民思想观念、专业技术和身心全面协调发展,就成为实现乡村振兴战略的必然要求。

高素质农民要有文化、懂技术、善经营、会管理。高素质农民活跃在乡村发展的各领域,主要是六类群体。

一是坚决拥护党的领导,自觉践行社会主义核心价值观,具备一定的知识水平,拥有健康的生活理念,组织带动农民文化体育活动,丰富农民精神生活,弘扬优秀传统文化,引领带动乡村文明建设的村"两委"负责人。

二是致力于改变传统小农经济,通过构建各类农民专业合作组织,集中形成规模化、高价值、易管理的生产模式的农业经理人。

三是种养大户、家庭农场经营者、农民合作社负责人、农业社会化服务组织骨干等新型农业经营主体带头人。

四是通过转变农业发展理念,创新农业经营发展方式,通过新型"互联网+",把农产品卖出去、卖个好价钱,带动小农户和贫困户共同发展的产业扶贫带头人。

五是在农业生产中劳动效率较高,技术先进,经验丰富的劳动能手、能工巧匠一类的农村实用人才带头人。

六是有着乡愁乡情,心系家乡,积极响应国家号召返乡创业的农民工、农村青年等农村创业创新带头人。

第二节　高素质农民的历史使命

乡村振兴,这是党的十九大以来,党和国家实施的最新战略部署。乡村振兴,这是关系农村实现高质量发展的新阶段。乡村振兴要想实现,需要党和国家的政策支持,更需要更多高素质的农民。

高素质农民是实现我国乡村振兴的重要主体力量。乡村振兴实施的最根本目的还是实现农民生活的高质量。乡村振兴是否能够更好实施,农民是否具有高素质也至关重要。可以看到,很多农村之所以落后,城乡差距之所以如此之大,与农民素质不高,导致农村劳动力、生产力下降有很大关系。因此,高素质的农民有利于推动乡村振兴。

高素质农民是实现我国农业现代化的主要推动者。现如今,农业也越来越机械化、自动化、智能化,如果缺乏应有的知识和技能,往往难以胜任现代农业中的各种生产劳动。这就意味着,高素质农民可以掌握必需的知识技能,理解和掌握高科技,有利于推动真正应用高科技来进行农业生产劳动。

高素质农民是我国农村人才振兴的重要来源。当今社会,尊重人才,是时代发展的需要。农村之所以和城市的发展存在差距,主要就在于农村缺乏人才。受制于很多客观因素,农村在人才工作上也显得有些无奈,缺乏足够的吸引力,导致人才引不来,农村人才的流失也十分严重。这就需要积极培养农村人才,就是要在农民中更多地培养有潜质、有发展的农民,打造成为本地的乡土人才,并且将这些人才用在更加重要的领域和岗位上锻炼,委以重任,使其真正锻炼和成长为能够独当一面、综合素质高的农村人才。

高素质农民是实现我国农村乡风文明的主要带动者。2020年高素质农民发展报告显示,作为农民群体中的先进群体,高素质农民中近18.46%担任村干部,15.3%获得县级及以上荣誉或奖励,他们不仅要在产业振兴、乡风文明中起示范带动作用,而且应主动摆脱传统小农意识,不断增强主体意识,听从党的召唤,学习党的路线方针政策,强化现代公民意识,在埋头实干的同时,不忘抬头看天,主动融入,带头参与到村民自治中,是我国乡村治理现代化重要的依靠力量。

第三章 现代科技、文化教育与乡村现代化振兴

第一节 乡村振兴呼唤新乡贤

在城镇化进程中,精英人才外流成为制约乡村发展的重要阻碍。中国现行的乡村治理结构需要新乡贤下乡,通过乡村振兴战略重振乡村经济和社会文化。乡村振兴为新乡贤提供了理想的发展空间,新乡贤是乡村问题的解决者和乡村发展的引领者。

一、乡贤是传统乡村的灵魂人物

在古代"皇权不下县"的背景下,乡贤是传统乡村的灵魂人物。他们有功名、有财产、有文化、有地位、有道德形象、有名望,是乡村道德习俗、乡村文化传承的守望者,是乡村秩序的维护者,是提供乡村公共产品的召集人,是乡村亚文化的解释者,是乡村非正规权力的拥有者,在维护乡村稳定、传承乡愁文化、弘扬乡土精神方面,发挥了积极作用。乡贤重视教育,培养出一大批中西文化融于一身的跨时代社会精英,如梁启超、胡适、林语堂、蔡元培等。

除此之外,乡贤对于传统乡村还有着其他贡献:他们尊重传统,是传统家庭关系、伦理文化传承的维护者;他们追求楹联、诗词,注重历史文化传承,并留下了充满文化底蕴的建筑;乡贤的存在,使"皇权不下县"成为可能,使得乡村治理的成本降到最低。

二、乡村建设需要新乡贤

百年来,随着传统社会的解体,乡贤制度消失,乡村逐步衰败,中国进入了新时代,逐步形成城乡二元结构。城市导向的政策体制,使得乡村资源单向流入城市,乡村经济发展相对落后,公共服务严重缺失,发展机会远少于城市,经济收入远低于城市。乡村的社会评价整体上低于城市,乡村深深地陷入了身份自我否定、文化逐渐衰败的困境。此外,乡村社会精英单向外流,青壮年人群长期外出打工,使得相当一部分乡村沦为"空心村"。

中国现行的二元乡村治理结构亟待改变,这就需要一批既具有传统乡村的乡贤角色又具有现代社会身份(如文化、财富等)的人下乡。2010 年以后,新乡贤的产生拥有了基础条件,那就是中国开始形成城乡要素双向流动的新格局,打工农民返乡创业,大规模的城市资本、人才开始下乡,大规模的城市消费以文旅、康养、到乡村寻求第三居所的方式进入乡村,有人称之为"新上山下乡运动"。拥有城市资本、人才、技术、有情怀的新乡贤下乡,通过特色小镇、田园综合体建设,促进乡村文化、经济和社会发展。

三、政策支持民营资本、企业家下乡

近年来,国家出台大量政策,全方位支持民营资本、企业家下乡,投资建设社会主义新农村。政策支持农村发展文旅、康养、文创等产业,鼓励发展休闲农业、乡村旅游、民俗风情旅游、传统手工艺、文化创意、养生养老、中央厨房、农村绿化美化、农村物业管理等新业态、新模式。同时,政策支持农村土地改革,为城市资本下乡创造条件,鼓励和引导返乡、下乡人员按照法律法规和政策规定,通过承包、租赁、入股、合作等多种形式,创办领办家庭农场、林场、农民合作社、农业企业、农业社会化服务组织等新型农业经营主体;支持返乡、下乡人员与农村集体经济组织共建农业物流仓储等设施。

目前,城市的各类生产要素已经市场化,可以自由进入市场,而农村的所有要素资源尚不能自由进入市场。农村土地、宅基地、房产、山川池塘以及土地经营权、宅基地使用权、集体经营性建设用地的收益权都不可抵押、担保融资,不能转让给城里人。党中央、国务院的政策为民营资本下乡投资发展乡村提供了重要的法律和政策基础,为民营资本投入乡村振兴建设提供了一个稳定的预期。

第二节　传统观念与生态文明教育培训

知识决定行为,由于缺乏相应的生态文明知识,大部分农民的环境保护行为、生态生活方式有待提高,尤其是文化水平低的农民在生态道德行为、生态消费行为、环境保护行为方面有待改善。

从环境保护方面来看,社会与政府提倡的文明环保祭祖存在阻碍,只有少部分农民因为信仰宗教的原因坚持不烧纸钱、不燃放爆竹。农民在生态生活方式上展现出更多细节问题,农民的动物保护行为和节约水资源的行为较差,一些农民还没有树立保护野生动物的观念,在用水方面还存在一些陋习。

因此,要设法丰富农民的生态文明知识,努力提升农民的生态文明行为。

一、大力开展生态文明教育培训,使农民对教育培训可接受、易接受、乐接受

农民要具备一定的生态文明知识,了解生活中的行为是否环保、什么是生态文明行为等,通过生态文明教育这一有效途径,能够帮助农民将生态文明知识转化为生活中具体的生态文明行为。

(一)教育培训内容要容易为农民所接受

由于农民受教育水平普遍较低,在进行生态教育时,应尽量将生态教育的内容与农民日常生产和生活结合起来,力求贴近生活、贴近农村、贴近农民,以通俗性和易懂性获得农民的青睐。除了充分发挥村干部的智慧,还应该"集民意,听民声",多了解农民的所需所求,了解农民心目中的生态文明以及当下在生态文明方面存在的问题,引导农民自我感知生态文明的意义所在,自我提升接受教育培训的欲望。要接地气地选择和安排生态文明教育内容,将生态文明建设实际情况、"美丽乡村"建设实际情况,与基本的生态文明知识、生态生活方式、生态农业生产等相结合,以引起村民的亲切感、自豪感,使得村民更容易接受与学习。

(二)教育培训形式要让农民乐于接受

农民群体存在着年龄、文化水平参差不齐的情况,因此在教育培训方式的选择上,既要考虑老年农民与青壮年农民的差异,又要兼顾知识农民和文盲半文盲农民的需要。要采取多种形式开展生态文明教育培训,调动农民的兴趣和积极性。以传统的正规培训为主,也就是课堂、讲座培训。实践证明,可以提高一次性教育培训效率,加大宣传力度与范围,但是很难调动广大农民参训的积极

性。而一些直观性强的、适合农民文化层次及接受能力的、能调动广大农民参训积极性的培训方式,更是一种可取之道。例如,田间地头、博览会、交流会、集贸市场、农村红白喜事现场、庙会、收音机、电视机、手机信息等创新型培训方式。各地应重视农村集市、物资交流会、民间习俗组织的艺术节等的管理,形式多样,内容丰富,提高质量,不仅增强了农业科技成果的宣传效果,而且吸引农民主动参与,在游逛中接受了新知识、新技术的培训,成本低且见效快。手机和网络的普遍使用也为利用现代信息技术进行培训提供了良好的基础,二者的结合是适应当前农村实际的一种比较好的培训方式。

(三)培训内容要充分立足农民日常生活和新农村建设实际

生态文明教育培训的内容是多层面的,就农民个人层面而言,至少应该包括普及生态文明知识、宣传生态文明法规、养成生态文明生活方式和行为习惯、培养生态文明道德、形成生态文明意识等。就乡村组织层面而言,至少应该包括美丽乡村建设、生态农业生产、生态环境保护、生态法治建设、生态文化教育等。无论安排哪一方面或哪几方面的培训内容,都要密切结合农民日常生活和新农村建设实际。李奇伟认为,在进行生态文明教育时,培训内容要充分立足农民日常生活和新农村建设实际:一是应尽量将生态教育的内容与农民日常生产和生活结合起来,力求贴近生活、贴近农民,以通俗性和易懂性获得农民的青睐;二是要结合农村特点,开展丰富多彩的生态环境科普知识宣传活动;三是社区要有固定的科普宣传栏,定期更新内容,以帮助农村居民及时了解生态环境动态;四是培训人员在传授培训内容时,应该充分展示个人幽默艺术,通过添加故事、丰富表情、展示多媒体动画等手段,增加培训内容的感染力,使培训内容形象生动,调动农民学习兴趣,以增强培训效果。

(四)培训形式多样化,吸引农民积极参与

培训方式一般分为正规培训方式和非正规培训方式。据调查,传统的农民生态文明培训方式以正规培训为主,也就是课堂培训、讲座培训等。实践证明,这种方式效果一般,对农民缺乏吸引力。除正规培训之外,其他的皆可以称为非正规培训方式,包括田间地头培训、参观博览会、集贸市场、广播电视、手机信息、参观生态文明教育基地等。

实践证明:灵活多样的、直观性强的、适合农民文化层次及接受能力的非正式培训方式更受农民的欢迎,且成本低,效果好,有利于推进农民培训工作。

(五)加强生态文明教育培训师资建设

乡镇或村干部与农民和农村生活关系密切,具有群众基础,又懂得当地方言,作为生态文明教育师资的主力,虽然有其开展农民生态文明培训的便利性和优越性,但是其自身的生态文明知识不够丰富,生态文明素养还有待提高,因而,需要加强生态文明教育培训师资建设。

一是动员当地的中小学教师参与到农民生态文明培训中来。当地中小学教师平时在教授中小学生时,已经有一定的知识积累和储备;在平时的授课中,具有一定的教学经验;加上中小学教师大多属于当地人,懂得当地方言,在本村农民中的认可度较高。

二是充分发挥培训机构教师与农技人员在生态文明教育培训

中的主流作用。根据不同的生态文明教育培训内容,有针对性地选择相关领域的专业培训人员,采取灵活的培训形式,效果更好。例如,农技人员下乡讲授有关现代农业的生态知识,通过与农民面对面的互动交流,可使农民感觉更真切。

三是发挥大学生在生态文明教育培训中的作用。大学生具备一定的生态科学素质,并且具有较强的社会责任感,每年都有社会实践活动,高校可组织大学生下乡开展生态文明服务;农村可与当地的大学进行对接,让大学生给农民讲授生态文明教育课。一方面,农村可为大学生参与社会实践提供平台;另一方面,大学生可参与到农民生态文明教育培训中来。

此外,农村生态文明教育培训师资必须做好准入工作,建立一定的准入标准,并严格准入程序,确保生态文明教育培训师资的质量;引进之后,还要加强对培训师资的培训工作,真正打造一支高素质高能力高水平的师资队伍。

总之,生态文明教育要做到教育对象具体化、培训材料对象化、培训师资专业化,并根据具体的生态文明活动有针对性地选择合适的教师。同时,要增大教育培训的频率,合理分配教育培训的时间,扩展培训地点,设置专门培训场所。

二、加强宣传和引导,充分调动农民践行生态文明的主动性

(一)要引导农民主动积极参与生态文明建设工作,争做生态文明人

要大力宣传习近平生态文明思想,使之深入每个农民的大脑和心灵,从生活中的点滴小事做起,自觉践行生态文明建设思想理

念。村委会要努力引导农民积极参与本村的生态文明建设工作，如垃圾的分类处理、公共场所的文明宣传、村委会组织的宣传生态文明活动等；使农民人人努力做一个生态文明的践行者、环境保护的志愿者和环境污染的监督者，为建设生态文明的新农村贡献自己的一份力量。

（二）要增强农民保护环境的意识，调动农民参与生态环境保护的热情

我国农村在长期的历史发展过程中，由于始终没有将生态文明建设放在一个显著的位置，以致农民对生态文明建设的认识和认知水平还处于相当初级的阶段。因此，要加强宣传，让农民了解生态文明建设与他们自身的重要关系，强化农民的生态文明思想普及是当前一项十分紧迫的任务。在人与自然的关系上，要帮助农民构建人与自然的和谐观念，形成生态价值理念，使他们爱护自然，保护自然，对自然充满人文关怀。为了调动农民参与生态环境保护的热情，要通过各种方式调动他们的积极性，如使用网络宣传、电视公益广告、邀请有影响力的社会明星宣传保护生态环境的重要性等。这些做法，在很多国家都被证明是一种有效的方式，取得了较好的效果。

（三）要普及科学文化知识，使农民树立科学的消费观

消费观是指农民在消费生活方面所持的根本观点和价值判断，它是农民消费行为的心理基础，可以指导农民的消费行为。在其他条件不变的情况下，农民个体对先进的消费观念和消费方式的接受程度（如不食用珍稀保护动物、循环消费等）与其自身的文

化水平成正比。若要农民改变原来的消费习惯(如小富即奢、追求高档消费等),必须向农民普及科学文化知识,不断提高农民的文化素质。例如,可以在农民中宣传和倡导绿色消费,即适度节制消费,避免或减少对环境的破坏,崇尚简朴、自然和保护生态。具体到农民生活中,就是鼓励农民多多选择绿色产品,如购买绿色果蔬和肉类,选择无污染或低污染、低公害的农药和化肥,减少塑料袋的使用,选择低耗能的家电和照明设备,选择无磷配方的绿色洗涤用品等。

三、增强政府责任感,充分发挥政府在提升农民生态素质中的支持作用

在生态文明建设当中,政府要增强责任感,依靠各种资源、各种方式来进行生态文明的宣传和引导,并提供相应的政策、资金支持,以帮助农民掌握生态文明知识。

(一)充分利用专家资源和大众传媒,加强生态文明宣传

一是由政府相关部门牵头,组织有关生态文明教育专家,编写相对完整的生态文明知识小册子,并确定几本适合农民阅读的生态环保书籍。二是政府相关部门要定期对农村开展生态文明知识的普及活动,通过下派专家进行相关讲座和培训,分层次、分对象地进行宣传,填补农民原本空缺的生态文明基本知识,增强农民生态文明意识。三是政府还应抓好新闻宣传,把握舆论导向,健全环境新闻宣传工作机制,进一步加强新闻宣传策划,弘扬生态文明先进典型,提升环保形象,并使生态文明教育与传统文化和道德教育相结合。

（二）发挥政府的主导作用，在政策上、经济上大力支持农民生态文明教育

各级党政部门应努力在农村生态文明教育工作中发挥积极的主导作用：

一是在政策法规上支持，结合本地特点，出台一些有利于农村生态文明教育培训的政策和法规，包括实施细则，并抓好落实，为开展农村生态文明教育提供政策法规保障，切实保障农民生态文明教育有法可依、执法必严、违法必究。

二是在经济上扶持，不少农村经费紧张，活力不足，发展缺乏后劲，各级党政部门有责任扶持农村生态文明教育事业的发展，确保农村生态文明教育经费来源的稳定性。在提供优惠政策的同时，在培训资金、人员配置、培训设施建设等方面要给予大力的支持。

三是在工作上要加强指导，上级党政部门要认真学习和研究农村生态文明教育工作，经常派人深入农村进行调查研究，了解和掌握农村生态文明教育工作状况，给予及时指导。对于工作中遇到的困难和问题，要及时帮助解决。

（三）树立生态文明典型，利用榜样示范效应激励农民生态文明行为

榜样的力量是无穷的，政府或者村委会可以采取在村里树立生态文明典型、评选生态行为标兵的方式，用榜样的力量激励农民的生态文明行为。例如，可以在农村公共宣传栏展示生态行为标兵事迹，以小带大，逐渐扩大影响范围，激起农民的学习和效仿。同时，对生态行为标兵进行一定的物质和精神奖励，以此来激发农

民主动践行生态文明行为的积极性。

四、制定相应规章,约束和限制农民不文明的生态行为和环境破坏性行为

只有让农民了解我国在生态文明建设方面的法律法规,才能让农民在实践中约束甚至杜绝破坏生态文明建设的行为。因此,一方面,要制定和完善有关农村生态文明建设和美丽乡村建设方面的法律法规,并组织农民学习、指导农民实践;另一方面,针对农民存在的不文明的生态行为以及环境破坏行为,政府相关部门和村委会应该用强制性的措施和力量来起一定的规范和约束作用。这就要求各级地方政府在国家有关法律法规的指导下,要制定一些切合农村实际的地方性环保法律法规,如《农村环境保护法》《农村生活污染防治法》《农业生产污染防治法》等,确保农民的环境权益有完备的法治化保障。同时,要在农村向农民推进普法宣传工作,促进农民学法用法,并加大农村生态执法力度,营造农村生态文明建设良好氛围。再则,要开通生态环境保护热线,鼓励农民对社会上各种破坏生态环境特别是严重污染生态环境的行为进行举报和监督。此外,要依靠强制性的力量来加以引导和规范,使农民摆正自己在生态文明建设中的角色定位,由旁观者的身份转变为生态文明建设的主人翁、参与者角色。例如,可以用"破坏生态环境所带来的可预见性后果"来警示农民,使农民充分认识到生态文明知识的重要性,提高认识,加强学习,约束自己不文明的生态行为,特别是杜绝自己的环境破坏性行为。

五、建立评价和督促机制,促进农村生态文明可持续发展

为保证农民对于生态文明建设的积极参与,建立评价和督促机制是必不可少的。政府相关部门、村委会可以通过完善的生态文明评价体系,从农民的日常表现当中来检查农民对于生态文明知识的学习和了解情况以及践行生态文明的实践情况。还可以在村里举办小型的生态文明知识竞赛活动,以问答、抢答的方式来检验农民的生态文明知识储备现状。

此外,政府相关部门、村委会可以设立生态文明知识模范和行为标兵,让农民自主评选出身边具备丰富生态文明知识和模范践行生态文明的农民,并在物质上、精神上给予一定的奖励措施,以增强农民对于生态文明知识自主学习和自主实践的动力。同时,农民也可以对政府相关部门、村委会在生态文明建设当中所采取的各项措施进行评价并提出建议,形成政府、村委会与农民互动机制,以促进农村生态文明的可持续发展。

六、农民自身要有参加生态文明教育培训的主人翁意识

加强农村生态文明教育培训,主要目的是不断提升农民的生态文明素质,提升整个村的生态文明教育水平。因此,农民自身要增强参加生态文明教育培训的主人翁意识,增强主动性与积极性。

一是要通过电视、报刊、网络、社区学校等多种渠道,主动了解和学习生态文明建设的有关知识,特别是要了解自己所在村庄的生态环境、生态文明状况等,规范自身的生态文明行为。

二是要积极参与本村的生态文明建设工作,如垃圾的分类处

理、村委组织的生态文明宣传活动等,争做生态文明的践行者、环境保护的志愿者和环境污染的监督者。

三是要严于律己,争做"生态人"或生态文明人,在日常生活中,按照生态文明建设的要求,从我做起,从身边的一件件小事做起,养成爱护环境、保护环境、建设优美环境的良好生态文明习惯;在生态环境建设中,自觉做到尊重自然规律、注重生态保护、约束自己对生态的破坏行为、注重生态效益,做一个具有生态意识的"道德人"。

第三节　强化农业科技支持与提高农民科技文化素质的对策

提高农民的科技文化素质是一项综合性工程,不仅需要有宏观的政策保障,还要有具体的落实措施。从宏观来看,政策保障主要是为维持教育活动的正常开展与运行提供的相应政策支持,微观的具体措施则侧重工作的操作落实。

一、各级政府设立统一的协调机构,实现资源的有力配置

在农村地区进行现代科技文化教育是一项涉及多个部门的系统工程,需要多部门联动推进。这样就需要在各级政府设立协调机构,将教育、农业及科技等管理部门纳入这项工作中来。只有这样才能有效协调各方资源,共同推进工作的开展。为了有效推动工作,必须进行详细的部门分工,各部门除努力做好本职工作以外,还要积极协调其他相关单位参与到该项工作中来,只有这样各级政府才能真抓实干,将工作落到实处。

　　在工作中要努力发挥政府的主导作用,政府要综合统筹各种相关教育资源,协调各种利益关系,投入最好、最有效的教育资源推动本项工作的开展。各级政府要建立专门的机构来协调与推动本项工作的开展,将这项工作纳入政府日常工作中来,改变过去那种"农民教育农民办"的状况。

二、对参与人员建立奖励机制,提高他们从事该项工作的热情

　　农民的科技文化素质既是促进农村经济发展的文化动力,也是现实的生产力,对于促进农村社会经济的发展具有潜在的现实推动作用。该项工作的相关者包括高校科研人员、地方政府领导和农民。要创新高校科研奖励机制与职称评定机制,提高农业科普工作在各类评定工作中的分量,增强科研人员到农村推广现代科技知识的积极性与主动性。创新农村管理工作的体制,将农村科技普及工作的效果作为干部考核的重要指标,提高干部对该项工作的认识和重视程度,使本项工作成为政府工作的重要内容。对于积极参与科技培训的农民,还要建立适当的经济奖励机制,在农业科技创业方面进行政策扶持。同时,要制定相应政策,优化创业环境,鼓励农村高学历人才留在农村进行科技转化工作。在有条件的地方还要注意吸引高科技人才到农村进行创业合作,带动当地农村的科技普及和应用工作。

三、注重技能教育

　　制定相关的教育法律法规来约束农村职业教育行为,从法律上提高农村职业教育在国民教育中的地位。农业教学计划、教学大纲、教学内容、课程设置要结合农村实际,根据现代农业发展、农

业产业结构调整和新农村建设的需要定期修订,要突出农村特色与实用特色。教学方式要灵活,教学内容要紧密联系当地农业生产实际。提高学生参加生产实践的比例,实现理论学习与生产实践的协调统一,争取使学生毕业时能够掌握一两门实用技术。

为了使农民尽快从科技培训中受益,加快农业科技转化速度,应该将培训工作的重点放在农村实用技术与务工技能上。本项工作是一项"功在当今,利在未来"的教育希望工程,对于积极参加培训的农民应该减免学费,把工作重点放在提高普及率和科技成果利用率上。将培训的重点人群放在农村青壮年与外出务工人员身上,这些都是现代科技的直接受益者与间接推广者。加强对这些劳动力的技能培训,力争做到农民不掏钱能培训、培训完能就业。通过培训促其就业,不仅投资少、见效快、效果持续,而且能使贫困农民解放思想、转变观念,具有"一次培训、终身受益,一人务工、带动一片"的作用。

四、鼓励社会相关机构参与该项工作

本项工作的相关社会机构包括科研院所、高等院校及部分科技企业等。政府及教育主管部门要改变高校及科研院所的考核机制,将科技成果转化率作为衡量单位科研水平的重要指标,从根本上激发相关科研院所及高校的参与积极性。在条件允许的情况下,可以尝试以科技入股的方式来推动高校与农村建立相关科技实体,协同发展,增强农业科技院所与农村的相互依赖,摆脱农业科技研究与农村经济发展相互独立的状态,这样既能够增加科研院所的经济收入,又能推动农村科技兴农事业的发展。同时,实行政策扶持,鼓励部分农业科技企业到农村建厂,将政府培训转化为企业培训,既减少了政府开支,又提高了农民的就业率。

大专院校要积极主动寻求在农村建立实习基地,以此为平台,提高农业科技的转化率。大专院校的专家学者还有教学任务,不太可能将全部身心都投入到农村科技普及工作中去,因此,可以采取"请进来"的方式,举办科技座谈会、科普讲座、现场指导及农家文化大院等形式重点地宣传科技知识。这样就建立了以专职科技工作者为中坚力量、以院校科研人员为坚强后盾的农业科普战线。

第四章 农民的责任意识 与法治意识教育

第一节 责任意识教育

在公民社会中,公民必然承担着相应的责任。公民责任是塑造现代公民的首要前提。公民责任建设既能为公民道德建设奠定坚实的基础,也能为社会主义建设事业提供动力支持。农民工作为公民社会中的重要群体,其责任意识的强弱与社会主义建设事业密切相关。

责任意识是公民素质的必要方面。公民责任意识培养深受国家重视,公民责任意识的强弱与社会进步、国家发展息息相关。在新的历史时期,要实现中华民族伟大复兴的中国梦,就必须在深入认识公民责任意识教育内涵和目标的基础上,坚持依法治国和以德治国相结合,大力弘扬中华民族传统美德,全面增强公民责任意识。

一、公民责任意识的内涵

公民意识是在社会发展进程中逐渐形成的,表现为公民对自身社会地位、权利与义务、公民主体性的理性自觉。公民责任意识是公民对自己在社会公共生活中所要承担的责任的合理认知和评价。公民责任意识是一种自觉的理性认识,包括两方面的内容:一是对公民所应承担的责任有明确认知和合理判断,二是对自身作为责任主体的合理性和必然性有深刻的认识。公民责任意识为公民主体的行为指明了方向,为公民履行责任提供了客观依据。

在不同国家、不同地域以及不同的社会发展阶段,公民责任意识的内容具有差异性。从普遍意义上看,公民责任意识主要有国家责任意识、社会责任意识、自我责任意识和环境责任意识等多方面内容。国家责任意识是公民对于国家的归属感和认同感,是一种向心力。

我国公民对于国家的归属感,是身为中华儿女的自豪感与荣誉感,以及由此而产生对祖国疆土的眷恋之情;对于国家的认同,是指拥有中华人民共和国国籍的公民对国家主权的认同,对保卫祖国和服务祖国的责任和义务的认同。国家责任意识是国家在保障公民权利与利益的同时,公民对国家尽忠并要承担相应职责义务的心理状态。爱国主义是国家责任意识的核心,是最高层次的国家责任意识的体现。个人的发展离不开社会,公民的所作所为应从社会的长远角度出发,站在人类社会整体利益的基础上,保障社会的良性运行和持续发展,这就是公民的社会责任意识。公民的社会责任意识要求公民具有集体主义的价值观念,反对以个人主义、实用利己主义等原则来破坏社会的良性运行和发展。自我责任意识是个人对"我要成为一个什么样的人"的自我认知和态度倾向。在这里就是指个人要对自己的生命、天赋、才能以及家庭负责,要做身心和行为的主人,在自我与社会、国家、环境的关系中找到、找准自己的人生价值和社会定位。环境责任意识是公民对人与环境关系的主观反映,是公民对环境和环境保护的一种认识水平和认知程度,又是公民为环境保护而不断调整自身经济活动和社会行为以及调整人与自然关系的实践活动的自觉性。

从公民责任意识的内容来看,各种责任意识体现出一定的层次性。公民责任意识是以自然环境为基础,以对自我与社会的责任为起点。公民的国家责任意识是以公民自身独立人格为基础的高层次的责任担当。公民作为社会和国家中的一员,要以承担个人责任为基础,超越狭隘的个人局限,通过参与社会活动展现自己的社会价值,并在社会活动中锻炼自我,提升自我,成长为人格健全、和谐而独立的人,在此基础上为社会进步和国家富强做出贡献。

二、公民责任意识教育的内涵

要促使公民成长为具有道德责任人格的公民,就必须全面进行责任意识教育。责任意识教育是有组织、有计划、有目的地对行为者的以"责任"为核心的政治、思想和道德等多方面施加影响的教育过程,培育责任主体,增强行为主体对自身、社会、国家、环境的责任意识,最终形成责任意识和责任人格的过程。通过责任意识教育,可以深化个体对道德责任的认知,提高其自由选择与责任承担的能力,使之能在人生的不同阶段、面对复杂多变的社会情景做出正确的道德判断。

公民责任意识教育指向作为社会基本行为主体的公民,意在使公民具备责任意识,使他们自觉承担责任,而对其进行有目的、有计划、有组织的教育过程。公民责任意识教育包括两个方面的内容:一是制定标准,即行为规范、行为准则以及办事原则;二是将这些规范、准则融入行为主体的意识中。通过标准的制定,使其能够自觉调整自身行为,同时能监督和评价其他行为主体做出的各种行为。

从本质上看,公民责任意识就是以教育的方式增强公民的责任意识,深化公民对个人、社会、国家的认知,使他们更加自觉地、积极地承担公民责任。就公民责任意识教育的目标而言,公民责任意识教育就是围绕着"培养什么样的公民""公民的责任应当达到何种程度"等问题展开的,并且改进公民责任意识教育中的不足,从而达到预期要求。而回答"培养什么样的公民""公民的责任应当达到何种程度"等问题的核心就是培育公民责任意识。

意识是指对事物的认知、感知和理解。公民首先要意识到作为一名公民要承担相应的责任,在此基础上要明确自己所应承担的责任,进而可自由选择自己要承担的责任。从本质上说,公民对责任的自由选择,表明公民认同和接受了下一阶段的责任。公民责任意识教育第二阶段的目标是培养责任情感,情感就是感情、职责和使命。公民在承担责任的过程中要有激情、有动力,要把承担责任视为应尽的义务,特别是在没有法律制裁和社会谴责的约束下更要自觉承担责任。在完成公民责任意识和责任情感培育的目标后,公民责任意识第三阶段的目标是培育公民的责任意志,意志实际上也是担当、勇敢和坚持。公民在形成责任意识和责任情感的基础上,对责任的执着追求是公民的必备素质。公民要勇于承担责任,无论在什么条件下都不退缩、不逃避。公民责任意识第四阶段的目标是责任能力的获得。一名合格的公民要具备多方面的基本素质,公民责任能力的实质是对公共事务的关注以及公共精神的仰慕;集中体现为对公共事务的自觉参与,对公共利益的自觉维护;在日常的公共生活中,时刻关注公共福祉,自觉履行公共职责。公民责任能力的形成,是公民责任意识教育的最终目标,是实现公民责任意识教育目标的标志。

公民自主承担责任的前提是具有公民责任意识。培养责任公民,就是对公民进行责任意识、责任情感、责任意志和责任能力的教育。在进行农民工责任意识教育的过程中,既要引导农民工形成责任意识,也要促使他们获得责任能力,以实现责任意识向责任行为的转化。

三、公民责任意识教育的目标

责任意识是每个共同体成员都应具备的素质,其形成有赖于责任意识教育的开展。责任意识教育要求人们形成良好的人格品质,旨在培养个体作为共同体中的一员对共同体的感情及其参与公共生活的能力。

(一)责任意识教育旨在引导个体形成对共同体的认同感与归属感

个体对共同体的认同感与归属感是其自我概念形成的基础,能让个体认识到"我是谁",也有助于提升个体对共同体的满意度,进而产生对共同体的责任情感,责任意识便由此形成。

在公民责任意识教育中,一要使个体明确自己在所处国家或共同体中的位置,认识到自己是国家公民或共同体成员,并形成对自我身份的认同感。在明确自己属于国家或共同体一员时,个体就能够感受到共同体对自己的确认,感受到自身与其他成员之间的联系。个体在承认自己的公民身份时,就会理解包括自己在内的个体与共同体之间的密切联系,由此形成对共同体的认同感。二要加深个体对共同体的认知,使个体与他人建立合作与交流的关系,进而使他们在互动过程中产生积极情感。这种积极的责任情感首先表现为个体对社会现实的热情和关注,具有积极情感的人,会主动关注身边的人和事,会持续关注国内外发生的大事,也能积极参与公共生活。个体对共同体的积极情感还表现为对当代危机的忧患意识和对人类社会的终极关怀。具有积极责任情感的人，能感受到现实危机，能对人类社会的发展保持深切关注，他们在关注社会现实的同时，也要深入思考当代社会人类生存的困境，并承担起自己对人类未来发展的责任。三要通过责任意识教育使公民自觉承认自己是国家或共同体的一分子，认可其他公民是自己的同胞，从心理上形成对国家和共同体的认同感，获得情感上的归属。在这种归属感的支持下，个体内心充满对国家和共同体的热爱，具有对同胞的关怀意识，并将做好与公共利益相关的事情视为自己的责任。

（二）责任意识教育旨在培养公民的参与意识和参与能力

对于国家和共同体而言，权利公民是一种冷漠的存在，这样的公民对公共生活持以消极态度。而责任公民是一种积极的存在，对共同体充满热爱与认可，他们对共同体的热爱也会融入维护公共利益的实际行动，会自觉参与公共实践。在参与公共实践的过程中，公民才能肯定自己，形成主人翁意识，发挥自我才能，共同推动共同体的发展。要引导个体履行自己作为公民角色的责任，就必须通过公民责任意识教育培养公民的参与意识和参与能力。

第一，公民首先要明白自己在做什么，自己的哪些行为属于公民参与行为。公民参与主要包括政治参与和社会参与，政治参与是指公民参与政治事务和参与治理，社会参与是指公民自愿参与那些完全由公民自发组织、自我管理的社区活动与非政府组织和社团。公民参与不同于其他行动要形成有效参与，而是必须明白自己应该做什么和能够做什么。

第二，公民要对政治参与和社会参与的行为产生认同感，承认自己是公民参与的主体,在此基础上不断提高自己的认知水平和参与能力,以增强政治参与和社会参与的有效性。公民的参与能力多种多样,如理解他人、同他人合作与交流的个体关系能力,以判断推理、理解批判为内容的个体分析能力,以解决问题、做出贡献为内容的个体成就能力。

第三,公民责任意识教育要引导公民主动参与到公共生活中,在公共领域中行动,增强自身责任行为的适应性。作为共同体中的一员,公民应在公共参与中合理运用自己的技能,提高自身的公民参与能力,承担起解决公共问题的公民责任。

第二节　法治意识教育

法律是现代社会一切正常生活的基础。法治意识包括人们对法的本质和作用的看法,对现行法律法规的理解、要求和态度,对法律权利和义务的看法以及对人们的行为是否合法的评价等。

在中国社会逐渐走向法治化的今天,法治系统要求公民按照现代的法律观念以及法治原则去行动。然而,在广大农村,很多农民的行为处事还仅仅依据传统办事,这不仅影响着农民的思维方式,更制约着农民选择的行为。主要表现在以下三个方面。

一、轻法惧诉,伦理情感思想至上

中国是一个有五千多年历史的文明古国,有的地区存在封建色彩,在这些地区封建礼教、宗族观念等依然是农民判断是非善恶的重要标准。传统道德和风俗习惯在农村已有几千年的历史,在表现形式上与农民的素质水平、农村的现实环境相符合,农民更愿意接受其约束,而不习惯于服从法律。尽管中国社会的变迁使农村的物质生活水平不断在提高,但是农村社会基本的生活方式和人际关系等结构性特征并没有发生根本的变化。在这一相对独立的社会单元里,仍存在着各具特色的互动方式、社会关系、价值观念和行为习惯,再加上农民世世代代生活在同一地域,地域上的接近更是拉近了人们之间的情感认同。特别是当邻里纠纷等事情出现时,能协调解决的话最好不诉诸法律。在他们的潜意识里,传统的道德伦理观念似乎比法律更切合实际,信守传统道德的农民更愿意相信伦理常情,因此,他们多是以人论事,而不是就事论事。再加上目前有关农村的立法多是管理性的规定,而授权性的规定及切实保护农民利益的规定还不多,农民还难以从法律中直接看到自身的利益所在。农民在其生活中觉得法律未能实在地给农民以正面的感受,从而导致不易赢得农民的信任和拥戴,加之司法中的漏洞放大了法律的消极效应,引发了农民对法律的一些不正确看法,这也妨碍了农民法律意识的增强。

二、法律认知较浅,人治思想占据一定地位

部分农村地区,农民思想素质相对较低,因此,对法律的认知程度也较浅,在遇到纠纷时,不主动采用法律的途径解决。这既有乡村社会的结构因素的影响,也有习俗和文化因素的作用,农民不了解也不愿意了解法律,他们依然信奉族外交涉、差序格局、爱有等差的农村社会处理问题的方式,有的农民不愿意正式法律介入他们的生活。尽管现代化和法治化在农村社会中的作用越来越明显,但他们依然与法律保持着较远的距离。在他们看来,法律很神圣,因此应该敬畏,而这种敬畏意识则源自他们对法律模糊的、抽象的认识。其实,在广大中国农村并不缺乏法律的支持,而是法律在基层没有起到"社会主导性规范"的作用。乡村存在大量的"私

了"现象正是伦理主导型法律体系的结果,这是对国家正式法律的规避。另外,农村地区广大村干部对中国现行法律的理解也是支离破碎的,没有体系化。因此,在解决农民的问题时,依法解决情况较少,人治思想严重。

三、被动受法,缺乏维权意识

农村社会发展过程中,房屋宅基地纠纷、家庭婚姻的破产、医疗纠纷、打架致伤等矛盾和纠纷越来越多,而农民对这些问题的解决往往诉诸私力救济或行政救济,有一部分农民不愿请求司法救济。在他们看来,法律尽管就在身边,但不是随手可得的工具,不能随时给他们提供利益的保护。他们宁可忍气吞声、自认倒霉,也不愿意主动去研究国家新颁布的与其利益相关的法律,因为他们最了解自身的处境,在这种无奈的处境中他们认为法律是无法帮助自己的,并且法律对他们所遇到的问题也是鞭长莫及的。正因为如此,在新农村建设的过程中,农村基层党建工作薄弱,基层民主不健全,而农民往往视而不见或听而不闻,至多发发牢骚,不会主动去维护自己利益。农民依然习惯于用情感化、伦理化与道德化来建立人与人之间的社会关系,对于伦理道德以外的通过法律去处理和协调人际关系、社会关系的做法不屑一顾。在偏远农村,农民不懂法、不知法、不用法的情况不仅给自己带来很大的经济损失,而且成为制约其成长为高素质农民的一大障碍。

实施乡村振兴战略能不能成功,法律能不能取代传统,农民法治意识的培养至关重要,对农民进行法治教育势在必行,具体做法如下。

（一）加强对农民的普法教育

普法教育不仅是一个乡土社会的地方性知识扩充（量的意义）与更新（质的意义）的过程，更是一个乡土社会的地方性知识回应国家灌输的法治知识形成新的社会规则的过程。

首先，根据农村的实际情况，加强民事、行政法律法规的宣传教育。随着社会、经济的迅速发展，农民涉及民事、行政法律法规的活动逐渐增多，所以，对农民的普法教育要转变观念，不能不分重点，应该根据农村实际情况的变化，及时调整法律宣传的内容，以确保农民在人身、财产等各个方面的正当权益不受侵犯。

其次，要加强对农村干部的法律培训，增强农村干部的法律意识，增强农村干部的法治观念，通过对农村干部的法律培训，使其增强依法解决农村热点、难点问题的意识，提高普法工作的效率。通过建立健全符合新农村发展的村民自治章程和各项村级事务管理制度，使农村各项事业逐步走上规范化、法治化轨道，从而使农民群众切身感受到依法治理的实际效果，更加支持各项法律制度在农村的推进与完善，使新农村建设在村党组织的领导下充满活力。最后，要组织开展"送法下乡"等活动，深入农民群众中传播法律知识。当然，"送法下乡"活动除了选择农民群众最喜爱、最容易接受的宣教方式，诸如广播喇叭、黑板报、宣传栏等，使农民群众在潜移默化中增强法律意识，在寓教于乐中增强法治观念以外，更需要让法律贴近农民生活的实际需要，也就是法律系统在追求自身合理性的同时，还应追求现实的合理性，即法律原则、程序及由此产生的结果，与现实社会的基本期望要达到一定的均衡或者一致。当然，农村的普法教育要与农村的执法结合起来，要紧密结合农村的实际，让农民真正感觉到法律的震慑力和严肃性，而不是可有可无的游戏规则。总之,通过加强对农民的普法教育,使农民能正确地认识到法律在自己生活中的重要性,从而能够正确地运用法律,理性解决自己生产和生活中的各种矛盾。

(二)增强农民的法律意识

法律意识是人们关于法律现象的思想观点、知识和心理的总称。它一方面意味着公民能够发自内心地认同和尊重国家宪法和法律的权威,并以之为自己行为的准则,自觉遵守法律;另一方面还意味着公民能从平等的观念出发,要求他人和各类公共机关也遵守法律的共同约定,在法律的范围内行事。法律意识的具备表明一个公民在正确处理自身与社会关系上的成熟。对于农民来讲,具备法律意识不仅停留在对道德和法律知识的简单记忆与背诵的层面上,而是应该将其真正内化为自己遵循的准则,这是农村法治秩序得以建立的基础。但是,在一定程度上,我国广大农村仍旧是血缘、亲情基础上的社会,农村习惯经常取代国家法律成为处理纠纷的标准,有人把这种现象归结为血缘关系基础上的"熟人社会"特征。因此,培养和增强农民的法律自觉意识,而不是把法律当作摆设,那么农民就能告别陋习和愚昧,形成科学理性的处事方式。在实施乡村振兴战略中,这不仅体现了农民群众的愿望和要求,符合农民的根本利益,而且能使农民群众把对乡规民约的遵循与国家法律有机结合起来。

(三)培养农民的法律习惯

农民法律习惯的缺乏不仅影响其法律意识的增强,而且影响其行为。事实上,农民往往依赖于各类维权活动模式,而不选择现代法律裁决方式。司法在农民的纠纷解决方式中所占比例还较低,政府或人民调解员调解仍是农民解决纠纷的最主要方式。在新农村建设过程中,全面实行法治,将现代法律信仰、法治精神的培养作为重要环节,培养农民的法律习惯就成为重要的内容。培养农民的法律习惯,使农民借助法律制度维护权利、履行法定义务、实现自己的利益,是新农村建设中提高农民法律素质的重要任务。只有培养农民的法律习惯,农民才会变书本上的法为现实中的法,才会真正消除对农村法制的认知障碍,才会真正维护自己的合法权益,才会真正享受法律带来的实实在在的利益。当然,法律习惯的培养"不是依靠外在强制力的压制而形成的,它是一个自发的、潜移默化的过程,或者说是在一系列日常社会活动、经验、感受之中而达到的"。它必须在实际的法律运作过程中,在相关行为主体真切地感受到法律带给他们的实效,并对法律产生信任和依赖心理的过程中逐步成长起来,这是一个长期的、渐行变化的过程。只有农民在其长期的日常生产生活中一直都能感受到法律所带给他们的利益和权力,而不是法律的朝令夕改或因人而异等经常出现不稳定的情况,农民才能在长期的信任和信赖的心理作用下逐渐产生健康的法律意识,进而自觉遵从法律规范和维护法律秩序,养成法律习惯。

第五章　市场经营管理与高素质农民创新创业教育

第一节　市场经营管理

一、经营管理常识

(一)土地流转

1.土地家庭承包经营权的流转

《中华人民共和国农村土地承包法》(以下简称《农村土地承包法》)规定,农户的土地承包经营权可以依法流转。在稳定农户的土地承包关系的基础上,允许土地承包经营权合理流转,是农业发展的客观要求。而确保家庭承包经营制度长期稳定,赋予农户长期而有保障的土地使用权,是土地承包经营权流转的基本前提。

1)土地承包经营权流转的原则

(1)依法、自愿、有偿原则。根据我国《农村土地承包法》第三十八条规定,土地承包经营权的流转应当遵循该原则。尊重农户在土地使用权流转中的意愿,平等协商,严格按照法定程序操作,充分体现有偿使用原则,不搞强迫命令等违反农民意愿的硬性流转。流转的期限不得超过承包期的剩余期限,受让方须有农业经营能力或者资质,在同等条件下本集体经济组织成员享有优先权。

(2)不得改变土地所有权性质,不得改变土地的农业用途,不得破坏农业综合生产能力和农业生态环境("三个不得")。上述"三个不得"是农村土地流转必须遵循的重大原则。农村土地归集体所有,土地流转的只是承包经营权,不能在流转中变更土地所有权属性,侵犯农村集体利益。实行土地用途管制是我国土地管理的一项重要制度,农地只能农用。在土地承包经营权流转中,农民的流转自主权、收益权要得到切实保障,转包方和农村基层组织不能以任何借口强迫流转或者压低租金价格,侵犯农民的权益。

2)土地承包经营权流转的方式

依据《中华人民共和国农村土地承包法》规定,土地承包经营权的流转主要有以下几种方式:转包、出租、互换、转让、入股。

(1)转包。主要是指承包方把自己承包期内承包的土地,在一定期限内全部或部分转包给本集体经济组织内部的其他农户耕种。

(2)出租。主要是指承包方作为出租方,将自己承包期内承包的土地,在一定期限内全部或部分租赁给本集体经济组织以外的单位或个人,并收取租金的行为。

(3)互换。主要是指土地承包经营权人将自己的土地承包经营权交换给他人行使,自己行使从他人处换来的土地的承包经营权。

(4)转让。主要是指土地承包经营权人将其所拥有的未到期的土地承包经营权以一定的方式和条件转移给他人的行为。

转让不同于转包、出租和互换。在转包和出租的情况下,发包方和出租方即原承包方与原发包方的承包关系没有发生变化,新发包方和出租方并不失去土地承包经营权。在互换土地承包经营权中,承包方承包的土地虽发生了变化,但并不因此而丧失土地承包经营权。而在土地承包经营权的转让中,原承包方与发包方的土地承包关系即行终止,转让方(原承包方)不再享有土地承包经营权。

(5)入股。是指承包方之间为了发展农业经济,自愿联合起来,将土地承包经营权入股,从事农业合作生产。这种方式的土地承包经营权入股,主要从事合作性农业生产,以入股的股份作为分红的依据,但各承包户的承包关系不变。

3)土地承包经营权流转履行的手续

(1)土地承包经营权流转实行合同管理制度。《农村土地承包经营权流转管理办法》规定,土地承包经营权采取转包、出租、互换、转让或者其他方式流转,当事人双方应签订书面流转合同。

农村土地承包经营权流转合同一式四份,流转双方各执一份,发包方和乡(镇)人民政府农村土地承包管理部门各备案一份。承包方将土地交由他人代耕不超过一年的,可以不签订书面合同。承包方委托发包方或者中介服务组织流转其承包土地的,流转合同应当由承包方或其书面委托的代理人签订。农村土地承包经营权流转当事人可以向乡(镇)人民政府农村土地承包管理部门申请合同鉴证。

乡(镇)人民政府农村土地承包管理部门不得强迫土地承包经营权流转当事人接受鉴证。

(2)农村土地承包经营权流转合同内容。农村土地承包经营权流转合同文本格式由省级人民政府农业行政主管部门确定。其主要内容如下。

①双方当事人的姓名、住所等。

②流转土地的名称、坐落、面积、质量等级等。

③流转的期限和起止日期。

④流转土地的用途。

⑤双方当事人的权利和义务。

⑥流转价款及支付方式。

⑦土地被依法征收、征用、占用时有关补偿费的归属。

⑧违约责任。

(3)农村土地经营权流转合同的登记。进行土地承包经营权流转时,应当依法向相关部门办理登记。农村土地经营权流转合同未经登记的,采取转让方式流转土地承包经营权中的受让人不得对抗善意第三人。

2.其他方式的承包

不宜采取家庭承包方式的荒山、荒沟、荒丘、荒滩(通常并称"四荒")等农村土地,通过招标、拍卖、公开协商等方式承包的,属于其他方式承包。

1)其他方式承包的特点

(1)承包方多元性。承包方可以是本集体经济组织成员,也可以是本集体经济组织以外的单位或个人。在同等条件下,本集体经济组织成员享有优先承包权。如果发包方将农村土地发包给本集体经济组织以外的单位或个人承包,应当事先经本集体经济组织成员的村民会议 2/3 以上成员或者 2/3 以上村民代表的同意,并报乡(镇)人民政府批准。

(2)承包方法的公开性。承包方法是实行招标、拍卖或者公开协商,发包方按照"效率优先、兼顾公平"的原则确定承包人。

2)其他方式承包的合同

荒山、荒沟、荒丘、荒滩等可以通过招标、拍卖、公开协商等方式实行承包经营,也可以将土地承包经营权折股给本集体经济组织成员后,再实行承包经营或者股份合作经营。承包荒山、荒沟、荒丘、荒滩的,应当遵守有关法律、行政法规的规定,防止水土流失,保护生态环境。发包方和承包方应当签订承包合同,当事人的权利和义务、承包期限等,由双方协商确定。以招标、拍卖方式承包的,承包费通过公开竞标、竞价确定;以公开协商等方式承包的,承包费由双方议定。

3)其他方式承包的土地承包经营权流转

通过招标、拍卖、公开协商等方式承包农村土地,经依法登记取得土地承包经营权证或者林权证等证书的,其土地承包经营权可以依法出租、入股、抵押或者以其他方式流转。与家庭承包取得的土地承包经营权相比较,少了一个转包,多了一个抵押。

土地承包经营权抵押,是指承包方为了确保自己或者他人债务的履行,将土地不转移占有而提供相应担保。当债务人不履行债务时,债权人将土地承包经营权作价变卖或者折价抵偿,从而实现土地承包经营权的流转。应注意我国现行法律只允许"四荒"土地承包经营权抵押,而大量的家庭承包方式下的土地承包经营权是不允许抵押的。

3.农村土地承包合同的主体

合同的主体包括合同的发包方和承包方。根据《农村土地承包法》第十三条规定,合同的发包方是农村集体经济组织、村委会或村民小组。合同的承包方是本集体经济组织的农户,签订合同的发包方是集体经济组织。发包方的代表通常是集体经济组织负责人。承包方的代表是承包土地的农户户主。

4.农村土地承包合同的主要条款与存档、登记

1)农村土地承包合同条款

农村土地承包合同一般包括以下条款:发包方、承包方的名称,发包方负责人和承包方代表的姓名、住所;承包土地的名称、坐落、面积、质量等级;承包期限和起止日期;承包土地的用途;发包方和承包方的权利和义务;违约责任。

2)承包合同存档、登记

承包的合同一般要求一式三份,发包方、承包方各一份,农村承包合同管理部门存档一份。同时,县级以上地方人民政府应当向承包方颁发土地承包经营权证或者林权证等证书,并登记造册,确认土地承包经营权。颁发土地承包经营权证或者林权证等证书,除按规定收取证书工本费外,不得收取其他费用。

5.农村土地承包合同当事人的权利义务

农村土地承包合同的当事人是发包方和承包方。

1)发包方的权利和义务

(1)发包方的权利

①发包本集体所有的或者国家所有由本集体使用的农村土地。

②监督承包方依照承包合同约定的用途合理利用和保护土地。

③制止承包方损害承包地和农业资源的行为。

④法律、行政法规规定的其他权利。

(2)发包方的义务

①维护承包方的土地承包经营权,不得非法变更、解除承包合同。承包合同生效后,发包方不得因承办人或者负责人的变动而变更或者解除,也不得因集体经济组织的分立或者合并而变更或者解除。承包期内,发包方不得单方面解除承包合同,不得假借少数服从多数强迫承包方放弃或者变更土地承包经营权,不得以划

分"口粮田"和"责任田"等为由收回承包地搞招标承包,不得将承包地收回抵顶欠款。

②尊重承包方的生产经营自主权,不得干涉承包方依法进行正常的生产经营活动。

③依照承包合同约定为承包方提供生产、技术、信息等服务。

④执行县、乡(镇)土地利用总体规划,组织本集体经济组织内的农业基础设施建设。

⑤法律、行政法规规定的其他义务。

2)承包方的权利和义务

(1)承包方的权利

①依法享有承包地使用、收益的权利,有权自主组织生产经营和处置产品。

②依法互换、转让土地承包经营权。

③依法流转土地经营权。

④承包地被依法征用、占用的,有权依法取得相应的补偿。

⑤法律、行政法规规定的其他权利。

(2)承包方的义务

①维持土地的农业用途,不得用于非农业建设。

②依法保护和合理利用土地,不得给土地造成永久性损害。

③法律、行政法规规定的其他义务。

6.农村土地承包合同纠纷的解决

在土地承包过程中,发包方和承包方难免发生一些纠纷,这些纠纷的解决途径有以下几种。

1)协商

发包方与承包方发生纠纷后,能够协商解决争议,是纠纷解决的最好办法。这样既节省时间,又节省人力和物力,但是并不是所有的纠纷都可以通过协商的方式解决。

2)调解

纠纷发生后,可以请求村民委员会、乡(镇)人民政府调解,也可以请求政府的农业、林业等行政主管部门以及政府设立的负责农业承包管理工作的农村集体经济管理部门进行调解。调解不成的,可以寻求仲裁或者诉讼途径解决纠纷。

3)仲裁或诉讼

当事人不愿协商、调解或者协商、调解不成的,可以向农村土地承包仲裁机构申请仲裁。对仲裁不服的,可以向人民法院起诉。当然,当事人也可以不经过仲裁,直接向人民法院起诉。

(二)农产品质量安全与品牌建设

1.农产品质量安全概况

1)影响农产品质量安全的因素

(1)生产环境污染。生产环境污染主要来源于产地环境的土壤、空气和水。

农产品在生产过程中被污染主要表现为过量使用农药、兽药、添加剂和违禁药物造成的有毒有害物质残留超标。

(2)遭受有害生物入侵的污染。农产品在种植养殖过程中可能遭受致病性细菌、病毒和毒素入侵。

(3)人为因素导致的污染。农产品收获或加工过程中混入有毒有害物质,导致农产品受到污染。

2)农产品质量安全保障与对策

(1)农产品质量安全生产的内部保障

激发生产企业内在动力:农产品生产企业按照无公害农产品质量标准组织生产的积极性是保障产品质量安全的前提。

产地环境管理:农产品产地环境质量包括空气环境、土壤环境和水环境等。无论是无公害农产品还是绿色农产品的生产,产地环境建设都是保证农产品质量安全首先要考虑的问题。

投入物的使用管理:农业生产系统的质量管理不仅体现在生产中,还需要向前延伸紧密结合对投入物的质量监控,才能为产后环节提供良好的起点。

开展良好农业规范(Good Agricultural Practices, GAP)认证工作。

(2)农产品质量安全供给的外部保障

制度环境建设:建立一个良好的制度环境是保障农产品质量安全的前提,农产品质量安全生产环节的内部管理和发展,必须与外部相关制度环境相适应。

市场环境建设:要充分考虑农产品生产和经营者过于分散的现实特点,一方面通过各种专业组织形式加强生产环节的联合与协作,另一方面通过非正式组织渠道使小生产者联合起来组建小企业集群,增强交易信息透明度,减少交易费用,缓解农产品小生产和大市场的矛盾,并创建一个易于规范的农产品市场交易主体环境。

监管体系建设:监管体系的建设纵向涉及国家、省、部和地方各级机构建设,横向涉及环保、质检及工商等多部门分工和协作。

建立食用农产品风险补偿机制:补偿制度是处置紧急疫情的有效保障。

第一,要通过评估部门计算出产品成本和建议补偿额度。

第二,要根据养殖场(厂)内部防疫管理工作制度和工作记录分析质量责任大小,确定政府和企业承担损失的比例。

第三,要处理好养殖户和经销户的损失补偿关系。

第四,确定政府补偿经费的来源是保证补偿制度顺利实施的关键,要研究中央政府和地方政府对补偿经费的负担水平,确保补偿到位。

(3)农产品质量安全保障对策

进一步完善法律体系,加大依法监管的力度;推广标准化生产,确保农产品安全;构建长效机制,提高监管实效;强化宣传教育,增强安全意识。

2.推进农业标准化建设的对策建议

1)积极构建农业标准新体系

当前,要以农兽药残留限量、产地环境质量、投入品安全使用、种植养殖规范、产品等级规格、包装储运等为重点,加快完善无公害农产品、优势农产品、出口农产品和特色农产品质量安全标准。把农业生产的产前、产中、产后各个环节纳入标准化管理轨道,重视农业标准化基地、各主导产业和农产品加工等标准的创新,完善种子种苗、生产资料、生产技术规程、产品质量等级、检验检测等标准,逐步形成与国际标准和行业标准相配套的涉及农业生产、加工和服务,科学、统一、权威的农业标准化体系,引导各地制定切合农业生产实际的操作规程、名特优新产品地方标准,使生产经营每个环节都有标准可依、有规范可循,增强农业标准的科学性、先进性、适用性。

2）大力推广农业标准化生产技术

强化基层农技组织建设，健全以县级农技站为中心，区域性农技站为骨干，村级农技员和农业行业协会、农业龙头企业、农民专业合作社、种植养殖业大户等科技人员为基础的农业标准化服务体制，把农业标准化工作明确纳入相关组织和科技人员的职能、职责范围，全面施行工作目标管理责任制，建立"农业院校+研究所+农业科技推广部门+农业产业化龙头企业+农户"为主的新型农业科技推广体系。要采取"科技下乡"、"绿证"培训、办培训班、开现场会、印发宣传和技术资料等形式，以及开展科技进村入户活动，积极开展农业技术培训，广泛普及农业标准化知识，切实让广大农民熟练掌握标准化生产技术，真正成为农业标准化生产的推广者和受益者。

3）加快品牌产品建设

在推进农业标准化的工作中，要以农业标准化建设促进品牌建设，以品牌建设推动农业标准化建设。必须牢固树立品牌理念，围绕开发、培育、创建品牌农产品的目标，把推进农业标准化作为一项基础工作，引导生产者和经营者开发、培育更多的无公害农产品、绿色食品和有机食品，创建更多的省级、国家级品牌农产品。进一步加大对品牌优势农产品生产经营主体的培育力度，逐步按照"统一品种、统一生产管理、统一产品品牌、统一包装标识"的标准模式运作，为创品牌打好扎实基础。

4）强化信息服务平台建设

强化农业标准化信息公共服务平台建设，逐步形成连接国内外市场、覆盖生产和消费的农业标准化信息网络，为用户提供便捷有效的农业标准化信息服务。健全农业标准化信息的收集机制，做好农产品供求、价格等信息的采集、分析、筛选等工作。健全农产品市场信息发布制度,通过互联网、广播电视、报纸杂志等渠道及时发布信息,不断扩大信息服务覆盖面,让信息进村入户,充分发挥信息的引导作用。

5）积极推进生产示范区建设

以农业标准化示范区为"骨干区域",发挥其特有的聚集、扩散、辐射的带动作用,建立多层次、广覆盖、重实效的农业标准化推广实施体系,把推进农业标准化与发展农业产业化结合起来,带动农业规模化生产、标准化管理。提倡农民利用土地、资金等生产要素按股份合作制的形式组建农民合作经济组织,构建经济利益共同体,实现统一规划、统一标准生产、统一商标销售,以提高农业标准化生产水平和效益。

6）建立健全农业标准化监督体系

加大农产品产地环境监测力度,完善农业生产资料、农副产品和农业生态环境等方面的监测网络。整合质监、农业、水产等有关部门资源,培养健全专门从事无公害农产品、绿色食品、有机食品的产地、产品创建、申报认证和管理工作的队伍。严格农业投入品管理,健全农业投入品质量监测体系,普及农业投入品安全使用知识,引导农民合理施肥、科学用药。加大农业标准实施的监督检查力度,全面建立以农产品质量安全监管为主的例行监测制度,把农业标准化贯穿于农产品从"农田到餐桌"的全过程质量监管中,确保人民群众真正享受到农业标准化建设的成果。

3.农产品"三品一标"

"三品"即无公害、绿色、有机的农产品。其中无公害农产品是指产地环境和产品质量均符合国家普通加工食品相关卫生质量标准要求,经政府相关部门认证合格并允许使用无公害标志的食品;绿色食品是指无污染、优质、营养食品,中国绿色食品发展中心许可使用绿色食品商标的产品;有机农产品是根据有机农业原则,生产过程绝对禁止使用人工合成的农药、化肥、色素等化学物质和采用对环境无害的方式生产、销售过程受专业认证机构全程监控,通过独立认证机构认证并颁发证书,销售总量受控制的一类真正纯天然、高品位、高质量的食品。

"一标"即农产品地理标志,是标示农产品来源于特定地域,产品品质和相关特征主要取决于自然生态环境和历史人文因素,并以地域名称冠名的特有农产品标志,由农业农村部来负责全国农产品地理标志的登记工作。

"三品一标"是在保障公众食品安全的大背景下推出的,也是当前和今后一个时期农产品生产消费的主导产品。为此,农业农村部在全国启动实施了"无公害食品行动计划"来挖掘、培育和发展独具地域特色的传统优势农产品品牌,保护各地独特的产地环境,提升独特的农产品品质,促进农业区域经济发展。

二、高素质农民经营管理培训

(一)整合资源,组建农民发展学院

2022年中央一号文件明确提出:"加强乡村振兴人才队伍建设……实施高素质农民培育计划、乡村产业振兴带头人培育'头雁'项目、乡村振兴青春建功行动、乡村振兴巾帼行动。"要培育高素质农民,需要提供与之相匹配的高端的职业化教育,以充分开发农民的增收潜能,推进农村企业的转型升级。鉴于目前高层次的农民教育培训,主要由农广校、高校或农校承担,并且普遍存在注重培训的数量而忽视培训的质量等问题,建议除了保留原有的培

训机构外,由省、市、县党委统一协调,政府部门统筹,整合农业农村部门、乡村振兴部门、人社部门、教育部门等各自功能,组建若干所农民发展学院。当然,学校的运作模式和办学理念等要不同于现有的农广校或成人高校,更不同于普通高校。学校应是专门面向相应区域农业、农村,服务于有较高需求的高素质农民培育学校。学校的教师不仅有专职的,而且有更多来自涉农优秀企业的创办者和"领头雁",既能"上天",又能"入地"。借助这样基于农民全面发展的培训学校,一方面通过加强与地方传媒集团和电信公司的联合,利用广播、电视、报纸和互联网、微信等多种渠道和形式加大高素质农民教育培训的宣传力度,并发布最新的市场信息;另一方面通过引进和培养既有理论水平更有"实践经验"的资深农业专家,以及外聘农民企业家,既可满足受训农民对授课内容和授课方法的期望,又可增强高素质农民教育培训的针对性和实效性,以高质量地培养能适应实施乡村振兴战略需要的高素质农民。

(二)做好摸底,提供"菜单式"培训

发展现代化农业,建设城镇化农村,培养高素质农民,不仅需要广大农民积极参与职业化的培训,而且需要培训单位深入了解农民的培训需求。目前,有相当一部分的农民是在为完成上级的培训数量而被反复动员情况下被动参加培训的,从而导致在培训过程中受训者的受训需求得不到满足、缺乏学习兴趣等问题。利用农民发展学院特有的运作模式和为农民服务的办学理念,在组织比较高端的培训之前,可以借助省、市、县(区)、镇各级政府的力量,挨家挨户做好对涉农种养和服务企业的调查、摸底工作,把握对农民的培训需求。以此为基础,为农民素质提升提供"菜单式"的培训,即"农民'点菜',政府'下单',学校'配菜',专家'掌

勺'",这样的菜单式培训不仅能满足农民素质提升对培训内容、方式方法的需求,而且能让农民由"被培训"变为"要培训"以增强农民参加培训的积极性和自觉性。

(三)提升含量,助推企业转型升级

在农业经济步入新常态、农村发展面临新挑战的背景下,需要农民从事的传统种养业进行转型升级,即从主要追求产量和依赖资源消耗的粗放型转到数量质量效益并重、注重提高竞争力、注重科技创新、注重可持续发展的集约型的现代农业发展之路。为此,政府除了继续实施对农产品进行产地初加工给予补助的政策外,重点是"发展农产品精深加工",以深入推进农业结构调整,加快转变农业发展方式。鉴于目前高素质农民教育培训的内容和形式,过于理论化和课堂化,并缺乏为传统农业进行转型升级提供必要的科技支撑等现状。借助农民发展学院能"接地气"的师资力量,通过变革传统学校的授课模式,利用"田野式"的经验交流和企业考察等方式方法可以帮助受训的农民解决当前面临的困难或困惑。更为重要的是,借助农民发展学院资深的农业专家团队的科研创新,提升培训内容的科技含量,注重受训农民的科技创新,以助推受训农民从事的传统农业进行转型升级,提高农产品的精深加工度,提升农产品的市场竞争力。

第二节　高素质农民创新创业教育

一、树立创新创业意识

(一)创新创业意识概述

创新创业意识,从词语的组成上看,分为创新创业、意识两大部分,而从理解词语的关键核心上看,意识是这个组合词语的核心。意识,从马克思主义哲学的视角来看,其是客观世界在人脑子主观的反映,其本质是人的大脑对于眼睛所见,耳朵所听,脑子所想的综合反映,所形成的认识集合。就意识的基本内容上看,其是由知识、情感、意志三个方面构成的,知识是人类对于这个自然社会客观的理性的认知,是科学规律和生活经验的汇总;情感是主观特征下的人,面对事物或事件所产生和发展的情绪的表达,具有非理性;而意志是人们处理客观事务,基于以往经验所展现出来的心理品质的展现。而创新创业意识则是站在创新创业实践的角度,来看待人类是如何拥有这样的意识,帮助人们提升自身的创新创业能力,获得创新创业实践的成功。

创新创业意识是创新创业实践者自身寻求提升的内在需求。正是因为创新创业者在创新创业实践中寻求自身能力和知识的不断革新和创造,内心的内在需要在不断提升,对于外界知识和事物在不断吸收其精华和营养,从而破除自身的糟粕与不足,获取自身内在能力的提升,个体不断发现新事物,探索新领域,寻求新方法,为创新创业意识的产生创造了可能,为创新创业实践的成功提供了内生动力。

创新创业意识是创新创业实践者在实践过程中的心理状况。创新创业者进行实践过程中,面对未知领域与陌生环境,自身存在着恐惧与焦灼,对于处于破茧而出的新领域与新方法,其内心存在纠结与不安的情绪。而创新创业意识正是在这种心理变化过程中,起着正定的作用,为创新创业者进行实践提供强大的心理镇静剂,创新创业者做好了完整的心理建设,不再畏惧所要面对的一切,内心从容不迫,处置泰然自若。

(二)创新创业意识的培育

新常态下,我们常常把人的创新性、创造性当作人类认识客观事物来看,之所以如此正是因为我们主观地将人的创造性、创新性纳入我们的研究范畴。人的创新性、创造性不再是固化自在之物,而被看作一种可以拿来创新的生产力,创造新的物质资料的关键资源,备受关注,积极发掘。但当人的创新性、创造性长时间地存在于社会发展之中时,其逐渐发展成为创新创业意识,被人类所认同、熟知。创新创业意识是指人类站在现有认识范围之内对即将发生的形势的判断和思考,产生的从事创新创业实践活动的动机。也是创新创业者对已有的信息、资源资料进行整合,推理判断而成的创新创业设想,是实现创新创业活动的重要组成部分。在进行创新创业实践活动中,创新创业意识是促使人们着手实践创新、创业的原动力,通过意识动机的作用产生对创新创业的渴求。在动机的驱使下,大学生将会主动寻求创新创业的机会,一旦机会成熟,那么他就可以实践自己的创新创业计划。而创新创业计划的成果也会对大学生产生反作用力,成功的创新创业会使大学生增加信心和动力,增强对创新创业活动的积极性。创新创业意识的培育是一个不断积累、不断提高、渐进内化的复杂系统工程。创新创业意识的培育需经历萌芽、发展、壮大。

1.创新创业意识的萌芽

从人对于事物的认识规律来看,创新创业意识的培育过程,不是一蹴而就的,而是一个漫长孕育的进化过程,其与整个社会发展历史进程有着本质的不同。人类社会的演进是社会存在与社会意识相互影响、相互制约的过程。社会存在的产生与发展,不断地推动着社会生产力的发展,从而迫切需要社会意识的不断完善和丰富,相反,社会意识的演进,进一步加速社会存在的进步。在这种循环往复中,社会意识与社会存在促使社会由低级向高级、由简单向复杂进化。

而创新创业意识与常提及的社会意识一样,是社会存在发展到一定阶段的产物,其自身并不是与生俱来的,其仅仅是对社会存在的真实能动性反映,更是社会生产力和创造力提升的结果,而追其本源来源于人的本质的全面发展和自主性,如同马克思、恩格斯在《德意志意识形态》中所说:"一切人类生存的第一个前提就是为生活。"其是一种强烈的内在生活需要,这便是人们在创新创业实践活动中最为本源的创业动力,即创新创业的本质需要。创新创业的本质需要是创新创业实践活动的最初诱因和最初动力。其创新创业的本质需要来源于人自身对于自然社会和关系社会的创造与革新,期待通过提升创新创业能力来满足人的需要的全面发展和人的自主个性的展示。在新常态下,人的创新创业需要极大地受到刺激和激发,如大众创业、万众创新的政策号召,互联网技术的革新,VR/AR等全新的实现方式呈现,新能源、新材料技术的日益涌现,分享经济和融合经济的繁荣等这一系列外部因素的影响,人的创新创业的动力需要进一步增强,其需求的层次性、多样性逐渐凸显。

而随着创新创业的本质需要日益丰富,其内在动力不断增强,当创新创业的本质需要上升为创新创业动机时,就形成了人的心理动力。创新创业动机具有相对稳定,持续性的特征。创新创业动机的形成来自马克思主义人的主体性和人性论的本质属性,源于人的本质。而创新创业动机对创新创业行为产生促进、推动作用,进一步促进创新创业活动的开展,创新创业动机的出现充分展现出人的主观能动性的发挥和人全面发展的需要,推动着创新创业活动萌芽,有了创业动机标志着创业实践活动即将开始。

创新创业动机是诱发和维持创新创业实践活动的前提,是创新创业实践活动的内生驱动力,是创新创业实践主体自身内在心理构建因素的基础。在新常态下,多元变化的创新创业动机具有不稳定性,受到来自创新创业主体和客体、内部因素和外部因素的多重影响。创新创业动机是极其关键的非智力驱动力,是实现创新创业实践活动开展的前提。人类社会只有在特定的驱动力支持下,才会对外部事物产生好奇,对其进行关注,投入情感,形成依赖。首先,创新创业动机具备萌动性,诱发创新创业开始。正如幼儿咿呀学语开始,创新地模仿学习动物发声开始,创新创业动机就在起作用。某种动机的萌芽作用需在一定的条件下才能发挥效用,一定条件消失,其动机转瞬即逝,只能变成意念、取向,不具备萌动性。其次,创新创业动机具备方向性,促使创新创业发展。创新创业实践活动朝着好的方向发展,达到预期的目标,离不开创新创业动机的指引与导向。因此,创新创业动机具备积极性,助推创新创业成功。创新创业的实践进程中离不开强大的心理素质和精神品质作为支撑和保障,创新创业动机积极地推动着创新创业实践朝着成功的方向前进。最后,创新创业动机具备强化性,巩固创新创业成果。人的创新创业实践成功进一步激发和强化创新创业意识的强大,从而促进创新创业实践的再成功,首次创新创业实践将进一步强化创新创业动机的强度,促使创新创业实践者越战越勇,创新创业动机持续巩固。

2.创新创业意识的壮大

创新创业实践之路漫长而又持久,艰苦而又幸福,创新创业实践成功时,付出是值得的,收获满满;创新创业实践失败时,踌躇满志,总结经验,越战越勇。正是因为有创新创业意志在创新创业实践进程中支持,创新创业实践才会有所成功。在创新创业实践进展中,必然会遇到艰难和险阻,就像婴儿蹒跚学走路,摔倒、受伤是学会走路必须经历的;就像人类学会了用火取暖、做熟食物,就是一次次尝试用哪种材料能够产生火花,钻木取火,学会保留火种;就像人类走向太空,登上月球一样,只有通过一次次失败的实验,才能积累经验,获得最终的成功。这种例子十分简单并不复杂,但其中都蕴含着人类在探索创新创业之路上,遇到过很多困难与挫折、艰辛与困苦,却始终保持着不放弃、顽强拼搏的创新创业意志。正是坚强的创新创业意志激励了人类敢于探索新事物,打破自然规律,勇于创新创造,整个人类社会才能得以发展,有别于其他物种,生活在这个世界。创新创业实践者秉承坚强的创新创业意志,不断奋斗向前,其创新创业理想不断明确,逐渐成为创新创业者人生理想的重要组成部分。创新创业理想引领着他追求其人生未来的奋斗目标,创新创业理想逐渐明确。从某种意义上说,创新创业意识基本形成,成为创新创业实践活动的精神支柱,而创新创业人生观与价值观的形成,使创新创业意识进一步升华壮大。

二、乡村振兴与农民创新创业

（一）乡村振兴战略与创新创业相关理论

为带动乡村产业全面振兴，乡村振兴发展战略明确提出优化农村的创新创业环境，以市场经济为导向，创建一个和谐、公平、公正，有利于农业人才进行乡村产业创新创业的大环境，推动乡村大众完成创业创新创收工作，进而推动农村经济的发展。为激发农村创新创业的热情，首先要培育壮大创新创业的群体，推进产教学的合作，扩大农村创新创业的群体，主要以企业作为农业产业创新创业的主导，带动和支持回到乡村中进行创新创业的人员依托农业三产融合碰撞下生成的产业链进行创业发展，整合多方资源推动农村创新创业的进度，鼓励当地居民就地创业，或返乡创业，并加大各方资源对于本地常住居民的创新创业扶持力度。同时，加大乡村科技特派员的工作力度，引导科学技术、市场信息等多种现代化生产要素向乡村创新创意产业倾斜。

完善创新创业的服务体系是推动农民在农村开展创业工作的有效保障，一个完善的服务平台有利于乡村开展创新创业工作。因此，发展各种形式的创新创业服务平台也是一个重要环节。创新创业离不开资金的支持，为保证创业能顺利进行，必须建立创新创业的激励机制，加快财政方面的政策措施，多方面资金支持，落实各项减免税费或降费的政策，推动乡村农业产业创业道路的建设。

(二)高素质农民创新创业对乡村振兴的作用

1.引领农业科技创新

高素质农民创新创业拥有较大优势,是对农业科技加以创新的主要参与者。不同于传统农业人才,高素质农民创新创业所拥有的农业技术及农业知识皆处于优势地位,以传统农业技术为依托,以先进农业知识为主导,不断通过自身学识将传统的农业技术加以改进,在农业科技创新领域起带头作用。

随着农业的发展,农业技术创新步伐正在不断加快,一项新的农业科技从诞生到推广再到退役,所经周期正在不断缩短。为适应高速发展的农业产业,农业科技必须加快其更新的速度。创新创业高素质农民自身所具备的条件,全面符合农业科技创新对人才条件的要求,农业科技创新主要通过自主创新与合作研发两种方式实现,创新创业高素质农民更善于沟通学习和交流,以自身技术条件能够独自完成科技创新工作,也能通过合作研发的方式实现多方共赢。通过独自研发农业科技耗时较长,创新水平也受到自身知识水平制约,因此农业科技创新领域将会以协同合作为主,企业或创新创业高素质农民在进行合作研发时也会对合作对象进行筛选,在这一环节中,对传统农业人才将处于劣势地位,而创新创业高素质农民不论是对企业还是对个人而言,都会被列入优先考虑的人选中,因此创新创业高素质农民是农业科技进行创新创造的主要参与者和引领者。

2.高素质农民创新创业是乡村振兴的火车头

乡村振兴的火车头就是致富带头人,是实现财富积累最快的领军人,高素质农民通过创业累积自身财富,并通过自身的发展带动农民增收。高素质农民通过对农业科学技术的创新,带动当地农业产业的发展,并随着创业活动的进展,提供更多的就业岗位,实现先富带动后富的任务目标。高素质农民在最初创业阶段即使不能提供大量满足社会需求的工作岗位,但自身创业的先进管理技术和生产技术是当地农户的学习模仿对象,在带动就业的同时也能带动想要创业的村民进行自主创业,实现农村家庭增收、农民富裕。高素质农民在自身发展起来后,向群众传授先进的经营理念和农业科技,影响和帮助当地的村民,实现乡村振兴。

三、农业农村领域创新创业实现路径

农业农村领域创新创业是乡村振兴的重要动能。近年来,农村创新创业环境不断改善,涌现了一批农村创新创业带头人,成为引领乡村产业发展的重要力量。一大批饱含乡土情怀的高素质农民,具有超前眼光、充满创业激情、富有奉献精神,带动农村经济发展和农民就业增收。

农业农村领域创新创业是一个系统工程,创业者既要有一定的创业资金和基本条件,又要有相应的技术专长和经营能力,既要有创业情怀、创业激情,又要周密规划、稳打稳扎。创业培训是培育劳动者创新精神、提高劳动者创业能力、实现个人发展和创造自身价值的重要途径,创业人员可以参加返乡创业培训行动计划、农村青年创业致富"领头雁"计划、创业致富带头人培训工程、农村妇女创业创新培训等创业培训项目,学习"创办和改善你的企业"(SIYB)、"创业模拟实训"等创业课程,提高创业的心理、管理、经营等素质,提高参与市场竞争和驾驭市场的应变能力,成功实现农业农村领域创新创业。

农业农村领域创新创业,应当结合自身优势和特长,根据市场

需求和当地资源禀赋,利用新理念、新技术和新渠道,开发农业农村资源,发展优势特色产业,繁荣农村经济。返乡农民工,可以发展特色种植业、规模养殖业、加工流通业、乡村服务业、休闲旅游业、劳动密集型制造业;大中专毕业生、退役军人、科技人员等入乡创业,可以发挥自身专长,应用新技术、开发新产品、开拓新市场,引入智创、文创、农创,丰富乡村产业发展类型,带动更多农民学技术、闯市场、创品牌,提升乡村产业的层次水平;"田秀才""土专家""乡创客"等乡土人才,以及乡村工匠、文化能人、手工艺人等能工巧匠,可以创办家庭工场、手工作坊、乡村车间,创响"乡"字号、"土"字号乡土特色产品,保护传统手工艺,发掘乡村非物质文化遗产资源,带动农民就业增收。

农业农村领域创新创业,应当按照法律法规和政策规定,通过承包、租赁、入股、合作等多种土地流转发展规模经营,创办领办家庭农场林场、农民合作社、农业企业、农业社会化服务组织等新型农业经营主体。聘用管理技术人才组建创业团队,与其他经营主体合作组建现代企业、企业集团或产业联盟,共同开辟创业空间。通过发展农村电商平台,利用互联网思维和技术,实施"互联网+"现代农业行动,开展网上创业。通过合作制、股份合作制、股份制等形式,培育产权清晰、利益共享、机制灵活的创业创新共同体。

农业农村领域创新创业,应当积极开发农业多种功能,按照全产业链、全价值链的现代产业组织方式,建立合理稳定的利益联结机制,推进农村一、二、三产业融合发展;以农牧(农林、农渔)结合、循环发展为导向,发展优质高效绿色农业;实行产加销一体化运作,延长农业产业链条;推进农业与旅游、教育、文化、健康养老等产业深度融合,提升农业价值链;引导返乡下乡人员创业创新向特色小城镇和产业园区等集中,培育产业集群和产业融合先导区。

四、以农村创业创新推动乡村振兴

大力推进农村创业创新,充分调动亿万农民群众以及方方面面的积极性和创造力,对于实施乡村振兴战略具有重要意义。党中央、国务院高度重视农业农村创业创新工作。2016 年 11 月,国务院办公厅印发《关于支持返乡下乡人员创业创新促进农村一二三产业融合发展的意见》,为农村"双创"创造了良好环境。当前,农村双创已成为农业供给侧结构性改革的强大动力,成为大众创业、万众创新的重要组成部分。

(一)农村创业创新势头强劲,正在掀起新的热潮

国家大力实施创新驱动发展战略,积极推动大众创业、万众创新,农业农村经济新业态新模式蓬勃兴起,城乡交流日益密切,"三农"政策支持力度不断加大,为返乡下乡人员到农村就业创业提供了更多的机会和要素,也为高素质农民创新创业提供了更大舞台,推动形成了农村"双创"新热潮。我们可以看到,农村"双创"呈现出新的特点和趋势:主体不断增多,各类返乡下乡"双创"人员达到 700 万人,新型职业农民超过 1 000 万人;领域不断拓展,覆盖特色种养、加工流通、休闲旅游、信息服务、电子商务等众多领域;方式不断创新,50% 以上的"双创"主体运用互联网等现代信息技术,越来越多的工商企业下乡创业创新,不少创客开设了分享农场、共享农庄。农村"双创"的优秀有几个方面:首先,国家扶持力度将越来越大,政策环境会越来越完善,为农村"双创"带来更大空间、更好机遇;其次,基础条件越来越好,农村水电路气房等基础设施和科教文卫等公共服务条件逐步改善,以全程冷链为代表的现代物流向农村加快延伸,改善了农村设施条件,提升了流通效率;再

次,对接主体越来越成熟,种养大户、家庭农场、农民合作社等新型经营主体蓬勃发展,总量已达到290万家,农村的经纪人、供货商、分销商、共享农庄等大量涌现,为农村"双创"提供了更多平台载体;最后,市场机会越来越多,随着工业化城镇化深入发展,城乡居民消费结构快速升级,人们对绿色优质农产品、休闲旅游观光、农耕文化体验等需求越来越旺盛,为农村"双创"带来了无限商机。

(二)信息化是农业现代化的制高点,农村"双创"要善于运用互联网技术和信息化手段

现在,物联网、大数据、人工智能、机器人等现代信息技术快速发展,"机器换人""电商换市"等一系列新的变革,正在深刻地改变着人们的生产生活方式。在这样的背景下,推进农村"双创",要树立互联网思维,用好信息化手段,把小农户和种养大户、家庭农场、合作社、农业企业连在一起,把千变万化的大市场和千家万户的小生产连在一起,把生产、加工、流通、管理、服务和消费等各环节连在一起,实现产品相通、信息相通、服务相通、利益共享,打造"互联网+农村双创"新模式。要大力推进农业信息化,完善农村互联网基础设施和物流体系,加快建设农村双创电商园区,大力推进信息进村入户,打通农村信息服务"最后一公里"。要依托信息技术发展新产业新业态新模式,大力发展电子商务、众筹农业、网上农场、网上农家乐等,把农民的好东西卖出去、卖出好价钱,把农村的好景点推出去,让农家乐火起来。将来,会有越来越多的农民通过动动鼠标、点点手机,获取信息、买卖产品,会有越来越多的城里人在网上感知农业、体验农业。

第六章　高素质农民创新创业案例分析及分享

第一节　苏州高素质农民创新创业实践分析

一、苏州高素质农民创新创业的主要模式

据统计,在 2019 年年中,苏州有 800 多个农村创新创业典型,带领 1 300 多人,创办各类经营主体 1 000 多个,催生了一批创新性强、适用面广、科技含量高、发展前景好、带动能力大的项目,年收入达到6.91亿元,直接带动了 4.7 万人就业和 20 多万农户不同程度增收,充分展现了农村创业者的精神风采和创业创新实力,增添了农村发展新动能。与此同时,苏州将农村创新创业工作列入农业农村高质量发展"百千万工程"中的重点工作之一。在这个过程中,共涌现出以下 5 种模式。

(一)"特色产业拉动型"模式

"特色产业拉动型"模式主要是围绕地方农业特色产业,面向农业产业领域开展创业创新活动。这种模式具有以下几个特点:一是上中下游融合。将农业生产、加工、推广等多个链条结合起来,实现各环节共享均衡利润,激发产业链、价值链的重构和功能升级。二是一、二、三产渗透。将传统农业和现代农业结合起来,

大力发展体验经济、休闲经济,使创业活动在不同产业之间交叉和融合,逐步形成新产业或者新业态。三是产前、中、后联合。面向产前、产中、产后环节的生产与服务需求,以龙头企业带动全产业链发展,壮大地方农业经济。

以苏州江南茶文化博物馆有限公司为例,其创始人柳倩楠2012年在淘宝网开设了首家销售茶叶的店铺——碧螺旗舰店,并致力于新产品的研制来改变传统茶叶,成为洞庭东山首家开设茶叶店的淘宝店主。2009年,柳倩楠成立苏州江南茶文化博物馆有限公司,通过整合周边34.67公顷茶园,打造了一个以茶为主题的农文旅产业链,使得农民增收致富。柳倩楠相继在天猫、京东、拼多多等各大电商平台开设"碧螺旗舰店",电商品牌影响力显著提升,产品销售量屡创新高,2018年线上销售收入超千万元,电商会员人数超过8.5万个,"碧螺旗舰店"获得了"十佳电商"的荣誉称号。在产品包装上,柳倩楠引进现代化自动加工设备,将产品进行定量、小型、标准化包装,使产品更健康,携带更方便。新茶品进入市场后,得到了年轻消费者的认可,产品也成为中茶公司的时尚国礼茶、香格里拉酒店的畅销产品,让家乡的茶产业实现了全品类发展。

(二)"返乡下乡能人带动型"模式

"返乡下乡能人带动型"模式主要是返乡农民工、中高校毕业生及科技人员等高素质农民通过创办、领办企业和合作社等农村新型经营主体,引领带动周边农村创业创新。这种模式具有以下几方面优势:一是综合素质高。这类群体往往知识水平高,社会经验丰富,有头脑、懂技术、能经营、善管理,对农业生产经营具有独到认识和理解,把握市场机会能力较强。二是带动能力强。这类群体往往参与家庭农场式经营方式,能够吸引更多农民参与生产经营。有调查显示,农民创办的经济实体平均可吸纳 7~8 人就业,可以带动更多农民创业致富。三是创业创新意愿强。这类群体往往对农业怀有深厚的感情,有一定的资金技术积累,具有长期投身农业的意愿和能力,有利于推动农业可持续发展。

以张家港市神园葡萄科技有限公司为例,该公司成立于 1981 年,40 多年来通过技术培训、指导、合作,在"新品种、新技术、新模式"推广上,已经带动起省内外的葡萄客户 2 万多家,涉及辐射面积 3.333 万公顷。引进并保留国内外优良鲜食葡萄品种 1 200 多个,在国内首次由徐卫东命名并推广了"美人指""夏黑""黄蜜"等优良品种,首次在南方推广了"高宽垂架式""生草栽培"新技术,产生的直接经济效益超过 10 亿元。与国内外葡萄专家保持交流与合作,矢志不移 40 余年进行葡萄的杂交育种,在葡萄育种上获得了突破。通过常规杂交育种及结合航天卫星搭载,已经培育出了杂种后代实生苗 3 万多株,是目前国内最大的民营优质葡萄新品种示范及育种育苗基地。

(三)"龙头骨干企业带动型"模式

该模式的主要特点是依托龙头骨干企业,通过股份制、股份合作制等形式与基地和农户建立稳定的产销协作关系和多种形式的利益联结机制,逐步形成"风险共担、利益共享"的新机制,带动农民创新创业。龙头骨干企业带动农民创新创业具有三个优势:一是规模效应强,能够推进农业生产经营标准化、专业化、集约化、规模化,建设一批农业生产基地;二是产业优势佳,往往能够在农产品加工、流通等领域形成规模效应,形成农业上中下游相互承接的产业优势;三是经济效益好,能够发挥龙头引领效应,培育一批产业竞争力强、市场占有率高、影响范围大的农业品牌,带动农业相关产业发展。

以苏州太湖雪丝绸股份有限公司为例,该公司创办于2006年,是一家集蚕桑种植、加工,床品设计、生产、销售于一体的家纺企业。经过20多年的发展,该公司已发展成为国内最具影响力的真丝家纺企业之一,目前在国内外拥有近300家专柜和加盟店,并拥有自营出口权,产品远销加拿大、美国等几十个国家和地区。2016年8月,该公司成功登陆新三板,成为苏州蚕丝家纺行业首家上市企业。同时,在苏州市政府、吴江区政府的支持下,"震泽现代蚕桑农业田园综合体"项目成功入选首批中国特色小镇,成为弘扬传统技术文化、引领地方经济发展的标杆。

(四)"双创园区(基地)集群型"模式

"双创园区(基地)集群型"的主要特点是依托各地现有的农业创新创业园区和基地,通过政策集成、资源集聚和服务集中等形式,大力发展农业综合服务业,加快土地、资金、科技、人才、信息等资源要素向农村延伸,带动原料生产、加工流通、休闲旅游、电子商务等产业发展。

具体来说,这种模式可以分为以下几种类型:一是"农业+特派员"。这种模式要求利用涉农高等学校、科研院所的科技、人才资源,鼓励和支持农民学习新技术、新品种和新知识,提高农业生产和经营水平。引导更多农业特派员到基层创新创业,带动更多农民创业致富。二是"农业+星创天地"。这种模式要求降低农业创新创业门槛,支持和鼓励更多企业参与农业经营,培育农业发展新主体。三是"农业+园区"。这种模式要求加强与高等院校、科研单位、行业协会、产业联盟等机构联系,为农村"双创"提供见习、实习、实训、咨询、孵化等多种服务模式,推动产业集群的形成。以 2017 年认定的全国农村创业创新园区(基地)为例,江苏省常熟市虞山镇都市生态农业产业园以农产品加工、种植业、园艺、物联网等为主,在人才引进、科技培训、信息服务方面被给予大力支持;江苏省苏州市相城区漕湖农发生物农业有限公司创业基地以蔬菜、水稻、林果、水产种植、养殖等为主,在优惠价格租赁设施、种植养殖产品技术培训、展位招商等方面被给予支持;江苏省苏州市相城区御亭现代农业产业园发展有限公司创业基地以设施农业、智能农业、电子商务等为主,在人才引进、科技培训、信息服务上被给予大力支持。

(五)"产业融合创新驱动型"模式

"产业融合创新驱动型"的主要特点是围绕一、二、三产业的融合发展,以"农业+"为突破口,聚焦"三农"的新产业、新业态和新模式开展创新创业,从而加速区域间、产业间的资源要素流动,培育"三农"发展的新增长点。具体来说,这种模式可以分为以下三种类型。

1.农业+电子商务

通过建立农业电子商务产业园区,为涉农企业提供市场营销、品牌推广等增值服务,带动更多生产加工企业入驻园区,从而延长农业产、供、销一体化产业链。

2.农业+旅游

通过建设小城镇、美丽乡村等载体,统筹推进农村产业培育、环境优化、服务配套的田园综合体,支持乡村旅游发展,带动更多城市居民到农村体验、生活和消费,壮大农业休闲产业。

3.农业+工业

人们利用当前信息化手段,为农业企业提供咨询、融资、规划等服务,引导农业企业有效整合大数据平台,提高经营管理综合能力。

以苏州市食行生鲜电子商务有限公司为例,该公司首创的C2B2F(Customer to Business to Farm/Factory)模式,以社区智慧微菜场为服务点,通过大规模的基地直采和集约化的冷链配送,直接连通农产品生产基地与消费者。食行生鲜提供的产品包括蔬菜水果、鱼肉蛋禽、粮油副食、零食酒水等11个品类3 000多个品种,涵盖居民日常所需的食材,用户可以通过电子商务平台随时随地订购生鲜产品。食行生鲜自建面积约5万平方米的冷链物流配送中心,集检测中心、冷藏库、冷冻库、低温作业区、专业冷链车、信息化的管理系统于一体,采用全程冷链配送模式,将用户订购的产品全程冷链配送至社区智慧微菜场内的智能冷藏柜,用户通过输入密码或者刷卡自助提取。

二、苏州高素质农民创新创业的制约因素

(一)内部因素

1.知识结构有待完善

来自基层的一项调查显示,在农村劳动力中,小学文化程度的占28.3%,初中文化程度的占57.1%,高中(含中专、技校、职校)文化程度的占13.5%,大专及以上学历的占1.07%,取得职业技能证书的农村劳动力比例总体不高。这反映了大部分农民知识水平不高,基本上凭经验进行生产经营,难以从事技术复杂、操作复杂的

农业生产经营活动,创业项目的科技含量较低,缺少应对各种风险的现实能力。

2.能力素质有待提升

就农民创业的能力素质而言,对创业机会的识别能力、把握能力不强,对农业生产经营、市场营销、品牌推广、电子商务、物流管理、财务管理缺乏系统性的认识和把握。与此同时,部分农民还不熟悉相关政策法规,对农业补贴、农业保险、农产品质量安全、农业合作经营等理解不深,导致创立企业规模小、层次低、成长空间小,一定程度上制约了农民的创新创业进程。

(二)外部因素

1.配套政策尚待完善

目前,农民创新创业主要来源于政府项目支持,农业科技创新经费则主要来自农业和科技等部门,用于支持农业技术研究、开发、成果转化的资金不足。与其他行业相比,政府对农民创新创业的关注度低,支持力度有限,尚未形成支持和鼓励社会资本投资农业创新创业的相关配套政策体系。

2.硬件设施有待加强

与主导产业发展的总体要求相比,农村基础设施建设尚显滞后。根据对部分地区的调查,农民创业者主要采用租赁的模式进行生产经营,即由园区投入建设硬件环境,各创客租用园区的大棚设施或土地进行投资创业。就实际情况来看,农民创新创业仍缺乏统一规划,受土地指标等因素制约,包括农业产前施工、技术团队生活配套,产中种植团队生产资料、器具仓库,办公、销售包装、加工场地难以得到有效保障。

3.服务能力仍需加强

目前,高素质农民创新创业与高校科研院所合作限于项目合作,产学研合作新模式、新机制尚在探索,结合地方农业主导产业开展合作研发的农业科技载体偏少,对地方农业科技创新的支撑力度还不够,对农业新产品、新技术的推广应用能力不足。基层科技服务主要依赖基层农技推广中心,基层农业科技队伍年龄老化、知识结构断层等问题日益凸显,对农业新产品、新技术的推广应用能力不足。

4.人才队伍有待培育

目前,农村创新创业人才中种植养殖技术人员、互联网科技人才、经济管理人才仍然较少,懂技术、会管理、善经营的高素质农民不足,农业创客更加匮乏,地方政府对于农业创业人才引进与培育缺乏政策性引导,工作、生活等方面配套措施有待完善。

5.创新创业氛围尚不浓厚

目前,农民创新创业以中小型科技企业为主,普遍存在企业规模较小、农业研发力量投入不足、产品科技含量不高等问题。农业初创企业与地方产业资本结合度不高,尚未形成与地方农业龙头企业、农业合作社紧密合作的长效机制,农业初创企业短期内资金短缺、市场开发力度不足的现实问题没有得到较大改善。

(三)关于苏州高素质农民创新创业的分析

新型职业农民创新创业需要把促进农村双创作为战略性、长期性、经常性任务来抓,按照"政府搭建平台、平台聚集资源、资源服务双创"总体思路,围绕"创什么、怎么创、在哪创、有什么政策、谁来培训、如何办事、怎么保障"等问题,努力推动农村双创取得新进展新突破新成效。

1.突出重点领域,明确创业创新方向

鼓励和引导新型职业农民结合自身优势和特长,根据市场需求和当地资源禀赋,利用新理念、新技术和新渠道,开发农业农村资源,发展优势特色产业,繁荣农村经济。重点发展规模种养业、特色农业、设施农业、林下经济、庭院经济等农业生产经营模式。

2.强化主体培育,提升创新创业活力

建立健全城乡融合发展体制机制和政策体系,从农业内外、城乡两头共同发力,探索促进资本、技术、人才等要素向农业农村流动的有效政策措施,进一步调动积极性,激发农村创新创业活力。

3.注重素质提升,提高创业创新能力

实施农民工等人员返乡创业培训五年行动计划和新型职业农民培育工程、农村青年创业致富"领头雁"计划、贫困村创业致富带头人培训工程,开展农村妇女创新创业培训,重点培养一批生产技能型、经营管理型和市场营销型的新型职业农民。

4.加强平台搭建,夯实创业创新载体

按照政府搭建平台、平台聚集资源、资源服务创业的思路,面向现代农业科技园区、农业科技型企业、科技型农业专业合作社、农业专业大户和广大农民的实际需求,建立创业创新园区、培训基地、见习基地、创业孵化基地和创客服务平台,加快完善孵化、科研、教育、推广"四位一体"新型农村服务体系,为农村双创提供场所和高效便捷的服务。推进农村一、二、三产业融合发展,加大示范基地建设力度,提升产业层次及产品科技含量,指导和带动地方调整产业结构。

5.强化政策落实,营造创业创新氛围

进一步促进农村双创政策措施完善,特别是贯彻落实工作。切实加强与有关部门协调沟通,积极推动市场准入、金融服务、财政税收、用地用电、创业培训、社会保障、信息技术和创业园区等政策落地,充分发挥政策的扶持引导作用;切实加强调查研究和督促检查。

第二节　高素质农民创新创业案例分享

一、青岛田瑞集团

2020 年 1 月,青岛田瑞吉特董事长曲田桂被评为青岛市乡村振兴工作先进个人。这是一位长期扎根农村、立足农业,从生产养鸡设备起步,做大做强绿色生态养殖产业链,致富不忘乡亲,发挥产业优势带动脱贫攻坚,以实际行动投身乡村振兴的新时代农民企业家。

1986 年,在改革开放的滚滚洪流中,出生于青岛市崂山脚下小山村的曲田桂,办起了养鸡笼网作坊,开启了艰苦创业之路。1993 年,他承包了一家经营困难的养鸡场,走向养鸡生产和设备研制协调发展之路。21 世纪初,曲田桂带领公司完成了从粗放型生产向集约型生产的变革,成功研发出具有自主知识产权的蛋鸡笼养设备,创立了国内领先的蛋鸡自动化养殖新模式。

针对传统养殖交叉污染、疫病频发、药物滥用等问题,曲田桂采用先进技术和人性化思维,不断改善养殖环境,与中国畜牧业协会签订无抗养殖承诺,率先践行"福利养殖"和"无抗养殖"理念。

田瑞集团生产的鸡蛋,摆上奥运会、上合组织峰会这样高端会议的餐桌。他所生产的"田瑞鸡蛋"成为山东省知名农产品品牌、山东省著名商标。田瑞集团先后高标准完成了2008年奥运会、2018年上合组织青岛峰会、2019年中国海军建军70周年活动的畜产品专供保障任务,田瑞鸡场也被评为国家级标准化蛋鸡示范场,通过了ISO 9001国际质量体系认证,成为国家高新技术企业,逐步成为畜牧行业领航者。

作为一代农民,曲田桂虽然致富了,但他始终没有忘记父老乡亲。多年来,他不断投身公益,以实际行动践行新时代农民的担当,先后与贫困村即墨区槐树沟村、店东村、广西隆林各族自治县水洞村签订了帮扶协议。曲田桂积极发挥产业优势,带动脱贫攻坚,与周边7 500余户农民签订玉米种植协议,以市场价110%的价格收购,每年收购玉米14 600吨,结算资金2 920万元,直接增收292万元;同时,每年可消耗周边村庄废弃秸秆近4 000吨,帮助农民增收230多万元,增加就业200余人,拉动周边旅游服务行业增收300万元。

2020年新冠疫情防控期间,曲田桂从正月初二开始始终坚守工作一线,分别向武汉及青岛市一线防疫人员捐助了鸡蛋5万枚,赢得了社会高度认可。在田瑞集团创立33周年之际,曲田桂满怀对政府、对社会、对员工的感恩,谈及未来的发展,将深入探索三产融合发展路径,打造现代高效农业新模式,做畜牧产业领航者。

二、将"朽木"化成"宝"——方红

安徽省岳西县大别山深处有一位特殊的"木匠家",她虽说不是真正意义上的木材雕刻专家,却巧妙地将这些废弃的木材"变废为宝"。这位"木匠家"名叫方红,是岳西县青年返乡创业的典型代表之一。2014 年,方红放弃了在上海一家国际学校任教的工作机会,回到家乡创办了一家专门将木材"变废为宝"的公司。

还没走进院子,人们远远地就能望见方红工厂的庭院里堆满了各种形状和规格的木材原材料。这些木材有的去了皮,被切割成 20 余厘米高的圆木桩形状,有的被切成长条形板块,还有直径不到 10 厘米的圆木被横切成几厘米厚度的薄片堆放在一起。

方红说,这些木材都是她从周边地区的农民那边一件件地收集起来的,大多数都是农民地里常见的松木、樟木、柳木,也有菜园、桑园修枝搭架剩下的"边角料"等。

这些农民不要的"边角料",从大别山里的农民那儿收集来之后,经过方红工厂里的工人们一番独具匠心的加工和拼凑之后,立马"摇身一变"成为一件件精致且富有艺术美感的咖啡桌、小木凳、屏风、墙面挂饰等家具用品。

方红的工厂里还有专门存放木质加工成品的仓库,低矮的仓库里面陈列着各式各样的木质产品,圣诞树、麋鹿、台灯、钟表、花瓶、篮子……种类繁多,样式独特,每一件都是由木材拼凑而成的,散发着淡淡的木质清香。

方红说,目前公司里的木质产品来自 20 多种原材料,共有 17 个系列,近 3 000 种产品,其中有普通家具、节日饰品和红色革命旅游等多种主题。据方红介绍,这些产品价格不一,少的有几百元,多的能有好几千元。

现在,这些废弃的木材为方红的公司带来了可观的收入。建厂初期,方红的公司里只有 9 个人,现在规模已经扩大到 260 多个人。营业收入上,公司年营业收入已经从 2014 年的 270 多万元大幅提升到了 2018 年的 2 600 多万元,2019 年实现了 3 000 万元的年营业收入。

方红毕业于复旦大学继续教育学院英语专业,这几年随着公司客户群体的增多,她越来越多地收到来自国际市场客户的订单。外语专业的优势也让她的外贸工作如鱼得水。

方红说,外语的学习使她能够进行跨界融合,既充分利用了自己的语言优势打开了外贸市场,也在与国际客户沟通上带来许多便捷之处。

据方红介绍,目前公司的国际客户来自美国、德国、丹麦等海外市场,其中不乏如沃尔玛、宜家、HobbyLobby 和 Maileg 等国际知名品牌。

这几年,方红事业的蓬勃发展也带动了周边百姓的发展。从2014 年返乡创业不到 5 年的时间,方红不仅把"朽木"化成宝,还把它变成周边百姓的"福音"。

一段时间内,方红所在的厂区有 64 人,其中有 27 人是贫困户。方红说,在周边的贫困户就业上,公司也有特殊的待遇。她表示,对于有些行动不便或者家庭和工作不能兼顾的贫困户,他们可以居家就业,公司会上门下发原材料,并定期上门收制品,最终都以计件报酬的方式返工钱。

此外,方红表示,公司的工会对于厂内的贫困户员工也会给予一定的生活补贴,优先解决他们的医疗费用。工厂食堂也会优先购买贫困户员工自己家里种的蔬菜和大米。方红表示,这些小措施都在帮助他们过上更好一点的生活。

"每年的 4 月—7 月是订单旺季,也是岳西县人民最为忙碌的时期",方红说。眼看快到圣诞节了,方红表示目前发往国外的货物已经在 10 月的时候基本发完。现在最忙碌的时候已经过去了,但方红的步伐似乎还没有停下来的意思。

她表示,目前工厂内的成品还相对比较粗糙,"现在越来越多的人不光注重物质生活,还注重精神层面的生活",未来还需要学习更加精细化的手工艺制作,将产品做得更精致更好。方红希望未来公司可以融合更多的中国文化的元素、生活元素,提倡一种家居、快乐的生活理念。

三、返乡创业 80 后——刘建晋

一个 2 000 多平方米的大型硬化晒粮台,像一面镜子,聚焦了原平市解村乡圪妥村林同种植专业合作社的创业故事。晾晒场上,七八位农民手挥塑制大板锹忙碌着,或将葵花盘儿不断喂入脱粒机的"大口",或将淘汰出的碎葵片儿装入车内运走……背后是一排排新建的房舍。一位小伙子边和大伙忙碌着边说:"这是我们合作社去年新建的创业基地,包括办公与培训场所……"他就是原平市林同种植专业合作社理事长——刘建晋,一位回乡创业的 80 后小伙。

从小土生土长的他,亲身感受了父辈们在农村生活生产中的艰辛与不易。父辈们常常对他说,一定要勤奋读书,走出这贫瘠的小山村,脱离"面朝黄土背朝天"的生活模式,于是他的脑海里形成了远走高飞才能脱贫致富的想法。大专毕业后,他当过记者、做过生意、搞过工程……刘建晋在成长,他的社会阅历不断丰富,但他却越来越依恋和思念家乡的故土,他意识到他要做的不应该是背弃和逃离那块生他养他的热土,反之,他该用这些年的所学所知去改变和建设家乡,让家乡变美、让父老乡亲们都过上富足安康的生活成为他最大的责任和心愿。随着中央和地方政府对"三农"问题持续关注,逐年加大对农村农业的投入,在国家政策鼓励和引导下,刘建晋返回家乡,于 2010 年成立了山西省原平市林同种植专业合作社。

　　合作社成立之初只有 5 个小组成员,以玉米种植为主,但单一的种植结构和生产模式使合作社成员收入与普通农户无异。特别是 4 年后,面对玉米市场价格滑坡、种地效益甚微的严峻考验,合作社运营发展面临前所未有的困难。刘建晋开始千方百计寻找种植增效的突破口。他们试种过谷子,效益不够乐观;试过白萝卜制种,收入尚可,但面积大了侍弄不过来。前行的道路必定充满荆棘与坎坷,刘建晋没有气馁。2015 年,他参加了山西省现代青年农场主培训。他坚持每天听课,认真做笔记,并充分利用农民教育平台,与多名专家教授建立了良好的合作关系。这次培训让他彻底转变了发展观念,他得到了三点启示:一是不能盲目生产,必须围绕市场需求调整种植生产结构、通过市场分析做生产决策;二是要运用良种、良法和大力推广机械化、标准化种植模式,提高农产品品质;三是要通过对农户提供种子、收购和栽培技术全程指导的方式扩大规模,带动农民发展规模经营增加收益。

　　培训结束后,刘建晋瞄准了老师推荐介绍的油料作物——向日葵种植,先后三次带领合作社成员到邻县及内蒙古等地参观,选中了特种食葵 SH363,并与内蒙古三瑞农科总公司达成了引种推广的协议。他自己以每亩 500 元的土地流转价,集中规划两大片共 150 亩,带头试种。同时,请教食葵种植技术人员开展技术服务,印发千余份食葵种植技术资料,用几个月时间广泛动员宣传。功夫不负有心人,2015—2016 年,他不仅在本乡种植了 1 000 亩,还在苏龙口等六七个乡镇推广了 2 000 亩。他将课堂所学到的农业技术应用到生产实践当中,不断摸索总结经验,得到老百姓的认可和信任。2016 年,原平市林同种植专业合作社的入社农户达到了 110 户,合作社注册资金 421 万元,经营耕地 3 000 余亩。为耕者谋利为食者健康把自己"绑"在七乡镇农民 3 000 亩食葵种植"战车"上的刘建晋,投资 12 万余元,买回食葵专用播种机、脱粒机、大型筛选机等现代化农机具,极大提高了生产效率。同时,他把更多的时间和精力投入到种植区农民的技术服务上。他说,"技术是关键,只有采用标准化生产和全程控制措施才能提升农产品安全水平和市场竞争力,同时也能满足人们对安全优质品牌农产品的消费需求"。从 6 月机播技术环节,到葵花长到 40 厘米时的培土管理,到蕾期的施肥浇水,到授粉期的操作,以及吸引蜂群配合授粉,再到收获时的插盘晾晒,防止脱皮,每一步他都要开上自己的小车带上几个技术员四处奔波,现场指导。半年下来,那一片片漫山遍野金灿灿的食葵大田,成为当地诱人风景线,也是对他辛勤创业的最佳回报。

2015 年以来,刘建晋投资建设的 2 000 平方米大晒台和 300 平方米学习培训场所,成为林同种植专业合作社和食葵产业发展的创业基地。2017 年 11 月进入食葵收购季节,只见这里车来车往,机声隆隆,脱粒筛选,葵籽满场,又化作食葵标袋成墙的丰收景象。尽管头年试种,仍取得喜人的收获。大部分种植户亩均产量达 190~200 千克,最高的达到 250 千克,最低的也有 170 多千克。按最低收购价 4 元计算,平均每亩产值 1 600 多元,除去投入的种子、肥料和灌溉费用,纯收入 1 200 多元,比种植玉米增收 3 倍左右。

种植食葵的成果还不是林同种植专业合作社的全部,这两年,刘建晋大力发展农机社会化服务。社里 15 户农民投资的农机队,发展到 5 台大型拖拉机、4 台精量播种机、3 台玉米收割机和机耕、旋耕、运输、整秆还田等各种农机具,年年在全乡农机化作业上大显身手。2017 年全市机械化整秆还田作业中,又成为一支特别能战斗的机耕队,高质量超额完成了解村乡和大牛店镇 1 334 万平方米任务。

刘建晋觉得如果每个社员都能掌握先进种植技术，能够摸准市场的脉搏，那么他们也就成长为真正的现代农民，林同种植专业合作社这个大家庭致富小康梦一定会早日实现。为拓宽经营渠道，2016 年春季伊始，刘建晋组织林同种植专业合作社社员外出参观学习，考察市场，探索引进新型种植项目。在 2017 年干旱无雨的严峻形势下，合作社种植的 500 余亩丘陵旱地谷子，依然取得了可喜的丰硕成绩，较往年种植玉米每亩增收 300 元。同时，合作社年初引进的白萝卜籽 1 号、小粒黄也喜获丰收，与其他同值地块相比，显著增收增效超过 30%。他还带领林同种植专业合作社的社员们开辟了蔬菜新品种种植试验模块 30 个，探索实践蔬菜新品种在本地气候环境下的生存成长状态，为合作社农户的大面积种植提供成熟的栽培技术和田间管理经验。合作社还积极探索种养相结合的生态循环农业模式，推广"猪—沼—蔬菜"的新型农业可持续发展之路，将养猪产生的污水、粪便经过沼气池发酵，变废为宝，成了优质的有机肥料，为各种农业种植项目提供了生产资源。

刘建晋这样的青年农场主以实际行动践行农业供给侧结构性改革，他紧紧围绕市场需求努力发展现代农业，突破地块零散、不能连片耕作的弊端，实现种植规模化、资源集约化、农业机械化，降本增效，提高每亩单产产值的同时也获得了丰厚的利润回报。2016 年，林同种植专业合作社农产品、农机服务、养殖、加工等相关产业全年累计销售收入突破 570 万元，实现利润 60 余万元，直接带动 200 余户村民受益，增产增效，家庭人均增收 4 300 元，间接拉动周边 1 000 余农户迈上新型现代化农业发展之路。

刘建晋秉着一份赤子游归的心情，在带领乡亲们创业致富的道路上奋进，"与全体社员共谋发展大计，做新时代的新农人"，这就是他——一位现代农民的中国梦。

四、外贸老板变身"青蛙王子"——杨发东

2019 年 10 月 3 日,走进四川省大英县玉峰镇斗笠村的鑫瑞青蛙养殖场就能听到青蛙热闹的叫声,在被纱网罩住的 20 多亩土地上,喂养着成千上万只青蛙。

"你们要是再晚一天来,我就走了。明天我要去缅甸给青蛙找销售渠道。"见到记者,养殖场老板杨发东笑着说道。通过在斗笠村流转土地 50 亩,杨发东发展起了青蛙养殖业。从外贸老板到懂技术、会经营的"青蛙王子",杨发东不仅自己搞起了养殖,还新发展了 8 个养殖户,成为当地有名的致富带头人。

2004 年,19 岁的杨发东踏上了外出打工的路途。从重庆到缅甸,杨发东依靠勤劳开起了自己的外贸公司。然而,2018 年,杨发东毅然决然地回到了家乡。

谈起是什么吸引他返乡创业,杨发东说:"回来前,我就去咨询过农民工返乡创业的政策,发现有许多针对农民工返乡创业的优惠政策。另外,政府部门对我们这种返乡创业者的态度,更坚定了我回来的决心。"

2018 年 10 月 12 日,杨发东找到了斗笠村委会,提出要在村里流转土地养殖青蛙。让他没想到的是,村委会第二天便召开社员大会,动员村民进行土地流转。

仅仅用了 7 天时间,他就完成了 50 亩土地的流转工作。村委会主任向阳说:"对于这样的来村里投资的创业者,我们就应该大力支持。"

在得到村民支持的同时,玉峰镇政府更给予养殖场的发展诸多关注。2019 年 4 月,受提灌站设备维修影响,养殖场无法从四

五水库提水。"当时正是蝌蚪成长的关键时刻,必须使用活水。"心急如焚的杨发东将这一情况反映给了玉峰镇政府。当天,镇党委书记吴鹏就到村里了解情况。

为了解决维修期间的用水问题,吴鹏和村里进行了协调,暂时使用三社堰塘水,并加快维修进度。两天后,养殖场的供水就恢复了正常。

"其实,刚回来的时候,我并没有放弃缅甸的生意。但看到政府这么支持我创业,我已经放弃了缅甸的生意,一心一意在家乡干。"杨发东说。带动村民抱团发展"青蛙王子"变致富带头人在杨发东的青蛙养殖基地,水田被隔成了一块一块。人从旁经过,便有无数只青蛙向空中跳起。

"今年,我卖了 1 200 多千克,现在塘里还有 1 万多千克。但这段时间我不打算卖了。"杨发东解释道,这段时间是青蛙大量上市的时间,批发价格仅为 40 元/千克,然而等到明年三四月,批发价格就能涨到 70 元/千克。除了留下青蛙错峰销售,杨发东还有自己的"算盘"。

就在几天前,村民陆勇军找到了杨发东,想要跟他学习青蛙养殖。陆勇军说:"现在养小龙虾的很多,养青蛙的却很少。我不仅包种苗还包技术,让人没有后顾之忧。"

到 2019 年下半年,杨发东已发展 8 个养殖户,养殖面积达 140 余亩。

带动村民抱团发展、共同致富,已经成为杨发东的新目标。杨发东说:"今年 7 月,养殖场被洪水淹没,村干部和 30 多位村民自发冒着大雨来帮我排水、垒沙袋、搬石板,从 8 时干到 22 时。没有他们的支持,我的养殖场不可能发展得这样好。我不仅自己养,更要带着村民一起养。"

在养殖场的旁边,去年流转后还未使用的20多亩土地即将迎来"新生"。下个月,杨发东将用大英农商行贷款在这里修建大棚孵化池。他说:"养殖户越来越多,修建孵化池不仅能为他们提供种苗,还能通过人工孵化提前青蛙上市时间,帮助他们增收。"

多年在缅甸工作,杨发东发现缅甸的许多批发商经常从中国购买黄鳝、青蛙。为了打通青蛙的国外销售渠道,杨发东早早就联系了缅甸的批发商,准备在国庆期间过去洽谈合作。

离开之际,杨发东信心满满地告诉记者:"今年是新中国成立70周年,我一定要留在家里看完阅兵式。看到祖国繁荣富强,也给我们这些创业者增添了信心。我相信今年春节,我们的青蛙就将走出国门。"

五、帮山区橘农搭上"电商快车"

"这是我上中学时拍的,我们一家人凌晨两三点到县城去卖果子,那时我就有一个梦想——长大以后一定要让家乡大山里的金橘走出大山,卖出好价钱。"赖园园手拿一张老照片,讲述自己梦想的由来。"我想,有一天我一定要帮乡亲们改变卖金橘的方式,把金橘卖好,做最好的品牌。"

赖园园生长在广西融安县大将镇富乐村。2012年从泰国留学回国后,曾在广西南宁市某现代物流企业做高管的她,主动放弃城市白领生活,带着学到的物流、销售等知识,怀揣着"金橘梦"回乡创业。

"留学和工作是为了学到更多的经验,城市只是我回家乡的必经之路。"2013年,她辞职回家乡做起了电商。"那个时候我真的很难,一方面我要到处联系快递、联系物流,另一方面要说服乡亲们把金橘以每千克8元放到网上来销售。那时候村里人问我爸,说我是不是搞上传销了。"赖园园忆起创业初期的艰难,"其实,在2012年我就尝试着做电商销售金橘了,我在淘宝上开了个网店卖滑皮金橘,当年就卖了100来件,销售额有1万多块钱,每斤价格差不多在七八块钱,而当时村民们每斤还卖不到2块钱。"

因为家乡在大山里,山路崎岖,赖园园当时遇到的最大困难就是物流成本太高。为了选择合适的物流,她跑遍了广西的物流公司;为了找到适合的产品包装,她买来上百种包装进行比对。解决了物流问题后,2013年、2014年还停留在传统销售方式的金橘并没有多大起色。赖园园意识到,想要产品卖得好,必须得有自己的品牌。

2015年,赖园园组建了电商团队并创立了自己的电商品牌"桔乡里",她结合"文化、环保、创新"等理念,打造出了以"桔乡里"为主题的金橘系列形象包装。此后,"桔乡里"销售量直线上升,2015年营业额500多万元。

"电商不仅解决了销售渠道,还提高了果子的质量。"赖园园笑着说,以前种金橘光讲究产量,质量参差不齐,如今电商销售都要求"精装",村民们的种植技术越来越高。

"现在再也不用半夜出去卖金橘了。"村民杨付国说起了话。"以前金橘丰收了既喜又忧,担心销售不出去,价格也不一定如意,一车果子拉到市场,求人购买。现在不一样了,果还在树上,订单就纷纷飞来,根本不愁销路问题。"

赖园园从标准种植、电商销售、品牌创建三个环节着手,帮助山区橘农破解金橘销售难、增收难的问题。通过电商销售,让原本只卖每千克4元的金橘卖出了每千克40元的高价。2018年,以赖园园为负责人的融安县金色桔韵金桔专业合作社销售额近3 000万元,收购贫困户金橘达31万千克。赖园园一举成为大山里家喻户晓的电商女能人,让山区橘农和贫困户搭上了"致富快车",助推了金橘产业的不断壮大。2017 年,赖园园被评为全国农业劳动模范。

在赖园园的眼里,"桔乡里"只是起步而已,品牌文化建设、渠道、销量等环节还需要进一步提升。"今年我们新建的冷库、电商大数据中心、自动化分拣包装流水线都要投入使用,从现在的预订情况看,今年的销售收入将突破 6 000 万元。"赖园园充满信心地表示,在不久的将来要实现一个小目标——销售收入达到 1 亿元!

六、传承柳编工艺编织精彩人生——王海燕

在木兰县,人们提起柳河镇万宝村的青年农民马彦涛的媳妇王海燕,从事柳编的同行们个个都会竖起大拇指。王海燕,一个普通的农家女孩,以不向命运屈服的意志,短时间内以顽强精神把饱含着马家两代人 20 多年心血的柳编厂从废墟中重新建起,凤凰涅槃编织出了自己的精彩人生。如今,经过十多年的打拼,她已拥有600 多名职工、2 个总厂、15 家分厂,年出口创汇 1 000 多万元,成为木兰地区家喻户晓的女企业家。

王海燕的公公马占生是一个在当地出了名的老柳编手艺人。他历尽艰辛,凭借着一根根柳条,实现了自己改变命运的创业梦想。2004 年春天,小两口子承父业接过企业后,想的最多的就是如何把柳编事业做大做强,丈夫马彦涛常年在外跑订单,参加产品推广会,厂子里的事就由王海燕一个人负责。她在原有柳编厂的基础上,通过改建、扩建原有的厂房,引进了先进的管理模式、增加了先进的生产设备,创立了万宝工艺有限责任公司,开发出了众多品种的柳编新产品。

那个时期,风华正茂的王海燕一心扑在新产品的开发上,她吃

住在厂里,和老师傅们一起细心研究,眼睛里常常布满红血丝,办公桌上也会经常摆着方便面,就在怀孕期间,也不休息。

让老马和丈夫欣慰的是,王海燕不仅继承了父辈的艰苦创业精神,还学会了上网经营。她在厂里通过网络这种新的渠道,把产品卖到全世界。2008年,王海燕在网络上建起了自己的网站,网上销售额当年就占到公司总销售额的48%,产品通过网络成功销往美国、英国、法国、日本等20多个国家和地区,现在公司的所有产品销售基本上都依赖于网络平台。

正当王海燕与丈夫马彦涛带领着自己的柳编团队准备大展宏图之时,一场突如其来的灾难让王海燕和她的家人几近绝望。

2009年5月6日午夜,距工厂1 500米远的阮家屯屯边柴草垛突然起火。由于当夜风大,狂风夹着火团漫天飞舞,落到厂区的房顶上。一时间工厂浓烟滚滚,烈焰飞腾。等王海燕从睡梦中惊醒,整个厂区已经是一片火海,大火燃烧了3个多小时才被扑灭。望着黑乎乎的产品残骸,抚摸着厂房的断壁残垣,一家人陷进了痛苦的深渊,饱含着马家两代人20多年心血的工厂,一夜之间化为灰烬,工人们闻讯连夜赶来,面对此情此景,所有人痛哭失声。王海燕第一个擦干了眼泪,她搀扶起年迈的父母,安慰着失魂落魄的丈夫。黑夜过去了,太阳爬上了山冈,所有的工人都准时来到了厂里。王海燕率先站在了废墟上,她掷地有声地对着工人们说:"大家看到了,现在我们一无所有了。可我不会向命运低头,更不会认输。相信我的留下和我一起干,我们从零起步,重新打拼!"工人们没有一个离开的,纷纷解囊拿出了自家积蓄帮公司恢复生产。王海燕找来专业技术人员现场办公,绘出新的多功能厂房图纸。隆隆的机器轰鸣声,伴随着工人们的吆喝声,铁器工具的相互撞击声,绘就了一幅不向命运屈服的重建图。仅仅100多天,王海燕和她的工友们就奇迹般地在火灾的废墟上重建了 2 600 多平方米的新厂房。看见眼窝深陷、身体瘦弱、声音沙哑的媳妇，丈夫马彦涛心疼不已，全厂职工也是敬佩不已。

柳编企业都是外销型企业，所以，王海燕的眼睛就紧紧地盯住了外国人的口袋。她认真地研究产品销售国的风俗习惯，改进产品的样式和形态，尽可能地符合外国消费者的欣赏习惯。

为了降低成本，她还亲自和丈夫承包了 100 亩荒地，种植了十几种名贵品种的柳条，不仅使村里的荒地变废为宝，还保证了厂里柳编的原材料供应，更重要的是保证了柳条的质量，从而保证了柳编产品的质量。

王海燕是一个过日子精打细算的女人。为了把有限的资金用到展销商品上，每次她和丈夫出门参加展销会、洽谈会都是能省就省，有时甚至连普通的旅馆都舍不得去住，困了就在面包车里睡一觉，饿了就啃个干面包或泡一碗方便面。丈夫马彦涛总是深感忏悔，常向媳妇抱歉，每逢此时，王海燕总是憨憨地一笑说："将来我们会好的，享福的日子在后头呢。"

王海燕的创业精神赢得了所有工人的信赖，大家都说，跟着王海燕干企业一定会做大做强。王海燕和她的丈夫马彦涛所做的柳编企业如日中天，迅速走出了低谷，迎来了快速发展的新机遇。

慢慢地，柳河镇万宝工艺有限公司又在木兰城里建成了 1 个总厂，柳编分厂也从原来的 10 个增加到 15 个，企业员工也从 400人增加到 600 人。柳编产品不论是产量还是销售额、利润值都增加了 25% 左右。几年来，公司年实现产值 1 500 万元，年出口创汇1 000 多万元，为企业的发展奠定了坚实的基础。

王海燕富裕不忘乡邻，主动带领乡亲共同致富。近 3 年来企业先后安置 20 余名下岗工人、6 名残疾人，共培训 500 多名城镇下岗职工和 2 000 多名农民工,让 3 000 多人因柳编增加了收入,1 000多个贫困户因从事柳编实现了脱贫。

王海燕,这个敢拼敢闯的青年女农民企业家,正用她的温柔、睿智和胆识,拿起一根根柔韧的柳条精心编织着自己精彩绚丽的人生,让自己的美丽梦想走向国际,走向世界。

七、从公司白领到返乡创业青年——杨宪永

在安徽省淮南市谢家集区孤堆回族乡,提起省十三届人大代表、江永食用菌种植农民专业合作社理事长杨宪永,人们都会竖起大拇指齐声称赞:他是个带动村民创业致富的大能人。

他早年外出打拼,积累一定资金后,回乡牵头成立江永食用菌种植农民专业合作社,推行"合作社+基地+农户"的产业经营模式,将分散的农户组织起来,走集约化、标准化、规模化的发展道路,带动周边村民走上种植双孢菇致富的道路。

杨宪永出生在一个贫困家庭,因为家境困难,1987 年初中毕业后,迫于生计外出打工。1994 年年初,他到上海建筑工地打工,由于没有技术,刚开始在工地做小工,凭借自己头脑灵活、吃苦能干,得到老板的赏识,经过几年的努力,逐渐成为工地上什么都会的能手。

2002 年,掌握一定经验技术的杨宪永回到淮南,和朋友一起组建了建筑施工队,开始只有十几个人,承包一些小的工程,经过十几年的努力,建筑队由原来的十几个人发展到 100 多人,规模日益壮大,积累了自己创业的"第一桶金"。

2012 年,看到家乡仍然贫穷落后,杨宪永心里很不是滋味,他暗下决心,要发展家乡经济,让更多人脱贫致富。经过多方考察,结合家乡实际,他认为种植双孢菇是一个不错的项目。该项目是

利用农作物秸秆和牛粪等废物,经过发酵生产出菌菇,既可以解决一部分秸秆利用问题,又能增加农民收入。

"建设双孢菇种植基地,符合当地农业产业结构调整的要求,经济效益、社会效益和生态效益都很明显。"杨宪永说。

经过到外地专业食用菌种植基地一段时间的学习,2014 年 3 月,杨宪永牵头注册了江永食用菌种植农民专业合作社,总投资 700 余万元建成双孢菇标准化基地,规模化生产无公害双孢菇。

合作社成立之初,由于当时市场的不稳定和技术的不成熟,当年即出现亏损。为了让合作社能够继续走下去,杨宪永通过降低原材料成本,拓宽销售渠道,使产品销往了成都、重庆等多个大批发市场。同时,他在技术上下功夫,很快使双孢菇产量每平方米达到了 17.5 千克,年产量达到 500 吨,实现扭亏为盈。经过不断摸索,合作社的运行越来越规范,通过推行"合作社+基地+农户"的产业经营模式,实行生产、管理、销售一体化经营,走集约化、标准化、规模化的发展道路,极大提高了农业产业化经营水平。目前,合作社成员已由原来的 8 人增加到了 100 多人,种植品种从双孢菇扩大到种植草莓、酥瓜、南瓜等。2018 年,双孢菇产量近 900 吨,销售额 700 多万元,利润总额 280 万元,种植草莓、酥瓜、南瓜等 100 亩,销售额 260 万元。

特色种植,先进技术是保障。杨宪永苦心钻研食用菌种植等农业科技,成为当地有名的"土专家",被评为谢家集区首批农村实用人才。同时,他还与安徽省食用菌技术协会、安徽省农业科学院农业工程研究所进行对接,建立协同创新、互利共赢、长期稳定的合作关系,进行菌菇产品深加工、废弃物转化有机肥等生产创新,依靠科技创新不断提升食用菌生产的经济效益和生态效益。

吃水不忘挖井人,杨宪永积极吸纳贫困户加入合作社,共同拓宽致富路。许多贫困户参加到了合作社的食用菌生产之中，合作社负责全程技术服务和产品销售，保障这些贫困户的基本收益，变"外部输血"为"内部造血"，让脱贫基础更加牢固。

八、扎根农村搞生态农业——张杰

7月底，阳光灿烂，走进杨家庄，一群参加支农队社会实践活动的大学实习生正在仔细地听张杰讲解着农作物的特点和培育方法。山西农业大学的学员邢炳乾说："张杰哥像一名业务熟练的农民，更像为我们传道授业的老师。"

大学生口中的张杰，就是山西沁县粒粒香专业合作社负责人。他是次村乡杨家庄人。该村农业大多为旱田且不常灌溉，靠天吃饭，主导产业种植业，以沁州黄小米、玉米为主，养殖业以养牛为主，人均收入低。2011年7月，张杰从山西中医学院毕业后，留在太原工作。他工作闲暇之余，经常与不同年龄段的人交流，向他们推广沁县本地特产，并了解当地市场需求。

2014年，张杰在家人及亲友的支持下办起合作社，实现了人生的第一次创业。张杰说："满足现状，过上小康，仔细想来这好像不是我的人生目标，我应该有更高的追求，做自己想做的事。真正下定决心是2015年回家，看到村里田地荒芜，年轻人都外出打工，留守的老人仍然坚持着传统种植，挣不了多少钱，脑袋突然蹦出了一个想法——回乡创业。"2015年9月，正值事业上升期时，他做出了辞职决定，返乡全身心投入创业，成立了粒粒香专业合作社和沁县耕兴农业开发有限公司，致力于探索生态农业，建设生态庄园。

为了提高以沁州黄小米为主的农产品质量，保护生态，促进可持续发展，走三产融合的社会化农业道路，实现乡村振兴，他从创业之初就开始在青储饲料、生态养殖、生态种植、乡村旅游等方面不断实践。在种植过程中,为了保障农作物的品质,他们杜绝使用化肥,全部施用有机肥料。在父辈的指导下,他们还制定了"以短养长,长短结合"的发展策略。目前,正在实施由沼气工程、生态堆肥、自制酵素、雨水收集、废水处理等生态技术支撑的生态种养农庄。本次大学生支农队来村里实践就是一次他与中国人民大学乡村建设中心联络沟通实施的开放式互动式产销一体式活动,今后这样的活动会持续推进。通过一手联合农户抓生态生产,一手联合各方社会资源抓社群营销,实现产销互通,以销定产。

俗话说,靠山吃山,靠水吃水。在 2015—2017 年,他在县城小河亲雅苑开了沁州土特产店,专用于打包发货、客户体验及门店零售,帮助农民销售小米、土鸡蛋等土特产品,还与农户签订 100 亩种植黑玉米订单。这些既节省农民时间和成本,还创下了不少的利润。2018 年,他又继续签订种植甜糯玉米订单 30 亩,都实现丰收,卖出的玉米反馈很好。

种植基地扩大了,张杰又准备利用山上的野菜,养黑山猪、黑山鸡,拉一条"生态养殖链"。他的经营理念是,当代的科技日益发展,许多的原生作物因为产量不能够满足人们的需求而退出市场,逐渐淡出人们的视线。

扎根农村搞生态农业的张杰,创业的初心是传承农耕文明,推动"三农"兴旺,2018 年成立公司,2019 年开始建设耕兴生态农庄。

目前,他正在抓紧做两项工作:一是在杨家庄种植基地筹建生态园,满足供需产自一体需要;二是在大城市搭建产品直销平台。张杰说:"如果将销售渠道打通以后,就形成了从种植、收购、加工到交易一条龙,这样就可以去掉中间商这个环节,今后沁县农产品的销售就不用发愁了。"

通过多年的不懈努力,张杰的梦想正在一步步变成美好的现实。"现在返乡创业的农村青年很多,他们不缺干劲、能力,但缺乏正确的方向引导,也缺乏资金和了解政策的途径。"张杰告诉记者,他们今后将打造经验交流平台让更多敢想敢干的人参与进来,有更多的青年人回到乡村建设家乡,欢迎与本县"三农"有志之士合作交流,共同推动本土"三农"发展。

"乡村沃野,天高地阔,农业创业虽然会有一些困难,但走过了春耕夏忙,眼前必将是秋实的喜悦。"张杰表示将继续奋斗在乡村大地,为乡村振兴贡献力量。

九、念好"蔬菜经"——蒋力伟

"辣椒价格经常'跳水',由5.6元/千克降到3.2元/千克。这蔬菜价格波动太大,有时候,一天内的市场价都可能差出去2倍。"年仅25岁的蒋力伟说话老练,办事周到,"我搞这个合作社已经两年了,从最初的50亩发展到现在的120余亩,路越走越顺畅。下一步,我准备再流转100亩土地,将周围种辣椒的散户都吸收到合作社里,将辣椒这个行业做深做强,并创立自己的绿色品牌。"

1993年出生的蒋力伟大学学的是养殖专业,受家庭影响,在大学里他就做好了回乡创业的打算。毕业后,他进入哈尔滨市农牧集团工作。一年的时间里,他从基层养殖干起,组长、课长、队长,晋升格外顺利。不菲的收入,对口的专业,这些并未消磨掉他心中创业的激情。2013年,双城区启动"大学生创业"扶持项目,蒋力伟毅然辞掉这份同龄人都羡慕的工作,投身于创业的热潮中。

现实的残酷给了这个年仅20岁的小伙子当头一棒。无项目、无资金、无市场、无场地、无人才,还没学会"游泳"的蒋力伟呛了好大一口水。迷茫之际,在县农业局(今农业农村局)上班的同学给他出了一个点子,种辣椒。当时辣椒的行情不错,更关键的是,辣椒种植成本较低,刚刚创业的他可以凭自己的能力支撑起这个致富项目。通过一年多的努力,蒋力伟在老家永胜乡乐乡村流转了50亩土地,建起40余个辣椒种植大棚,创建了一个属于自己的小型种植专业合作社,产品供销两旺,覆盖了周边市场。为了实现带领乡亲们共同致富的梦想,他筹划着实施"合作社+散户"的经营管理模式。

创业总是伴随着风险,2014年,蒋力伟的创业梦差点破灭。"那时赚了点钱,头脑发热,盲目上马新产品,结果引进的新品种不服水土,全死了。"蒋力伟蹲下身摸着大棚里绿油油的线椒,"不但把赚的钱全贴进去,还借了外债,场子都快撑不下去了。是政府拉了我一把,乡里的干部帮我跑贷款。如果没有政府扶持,也就没有现在的规模了。"解决了资金问题,蒋力伟开始稳扎稳打,并与双城区农业局的专家建立联系,引进的种植品种全部经过科学验证,产量和质量都有保证。在专家指导下,蒋力伟的种植基地开始扩大规模,并吸收周围20户种植散户,创立了双城区腾翔种植专业合作社,产品也由单一的辣椒发展到西瓜、葡萄、黄瓜等果蔬品种。"现在平均亩产果蔬2 500千克,年景好的话,一年净利润能达80万元。"蒋力伟说。

富了不忘乡亲。每年种苗、采摘的4个多月时间,蒋力伟的合作社种植基地里挤满了周围乡村的农民。"6月—10月都是采摘旺季,那时合作社要雇30个人,每人每天的工资是40~50元。离家近、工作时间不长、工资又高,大家都愿意来我这里干。"蒋力伟指着大棚里劳作的农民说。

如今,蒋力伟的合作社种植的辣椒、西瓜等产品已经在双城区和哈尔滨市城区建立了自己的代销点。"现在我的营销网络多采用代销+零销的模式,将产品直接铺货到大型农贸市场,缴纳代卖费、行用费和入场费后,由市场统一代销,将款直接划到合作社账上,既方便又省事。另外,在双城区和哈尔滨市城区我又发展了5~10个零销商,由他们上门取货,钱货两清,这样既避免纠纷,又节省了不小的开支,尽管价格有点低,但利润还是很大的。"他指着临时拉起的保温棚说,"这是今天我刚摘的果,已经约好了,晚上一个客户来拉走。仅这一个客户就走货2 000千克。我要抓紧时间,趁着旺季多销点货,这样明年的日子就好过多了。"

"现在国家提出乡村振兴战略,鼓励年轻人回乡村创业。"蒋力伟兴奋地说,"其实,我们大学生除了进城工作外,也可以在农村发挥自身优势,帮乡亲们致富。"目前,蒋力伟正在筹划注册自己的果蔬公司,将创建自己的品牌,带动周边的父老乡亲共同致富。

参 考 文 献

[1]黄慧光,李培源,李磊.高素质农民教育培训手册[M].北京:中国农业科学技术出版社,2020.

[2]黄哲.新型职业农民素质养成[M].北京:团结出版社,2019.

[3]杨璐璐.乡村振兴战略视野的新型职业农民培育[M].北京:中国社会科学出版社,2018.

[4]刘剑虹.新型农民教育培训的现状调查与理论思考[M].北京:中国社会科学出版社,2018.

[5]银平均.新生代农民工的教育培训:人力资本发展与政策体系建构[M].北京:社会科学文献出版社,2019.

[6]青岛市新型职业农民教育中心.乡村振兴通用知识读本[M].北京:中国农业出版社,2021.

[7]陈中建,余高良,吴洪凯.乡村振兴战略实战指南[M].北京:中国农业科学出版社,2020.

[8]齐亚菲.新型农民素质提升读本[M].北京:中国建材工业出版社,2016.

[9]周宗辉,施杨,纪洋洋.苏州新型职业农民创新创业实践的思考[J].安徽农业科学,2021(49)11:240-242